„Der Markt" existiert nicht

Peter Seele · Chr. Lucas Zapf

„Der Markt" existiert nicht

Aufklärung gegen die Marktvergötterung

Peter Seele
Professur für Corporate Social Responsibility
Università della Svizzera italiana
Lugano, Schweiz

Chr. Lucas Zapf
Universität Basel
Basel, Schweiz

ISBN 978-3-662-53939-2   ISBN 978-3-662-53940-8 (eBook)
DOI 10.1007/978-3-662-53940-8

Die Deutsche Nationalbibliothek verzeichnet diese Publikation in der Deutschen Nationalbibliografie; detaillierte bibliografische Daten sind im Internet über http://dnb.d-nb.de abrufbar.

© Springer-Verlag GmbH Deutschland 2017
Das Werk einschließlich aller seiner Teile ist urheberrechtlich geschützt. Jede Verwertung, die nicht ausdrücklich vom Urheberrechtsgesetz zugelassen ist, bedarf der vorherigen Zustimmung des Verlags. Das gilt insbesondere für Vervielfältigungen, Bearbeitungen, Übersetzungen, Mikroverfilmungen und die Einspeicherung und Verarbeitung in elektronischen Systemen.
Die Wiedergabe von Gebrauchsnamen, Handelsnamen, Warenbezeichnungen usw. in diesem Werk berechtigt auch ohne besondere Kennzeichnung nicht zu der Annahme, dass solche Namen im Sinne der Warenzeichen- und Markenschutz-Gesetzgebung als frei zu betrachten wären und daher von jedermann benutzt werden dürften.
Der Verlag, die Autoren und die Herausgeber gehen davon aus, dass die Angaben und Informationen in diesem Werk zum Zeitpunkt der Veröffentlichung vollständig und korrekt sind. Weder der Verlag noch die Autoren oder die Herausgeber übernehmen, ausdrücklich oder implizit, Gewähr für den Inhalt des Werkes, etwaige Fehler oder Äußerungen. Der Verlag bleibt im Hinblick auf geografische Zuordnungen und Gebietsbezeichnungen in veröffentlichten Karten und Institutionsadressen neutral.

Gedruckt auf säurefreiem und chlorfrei gebleichtem Papier

Springer ist Teil von Springer Nature
Die eingetragene Gesellschaft ist Springer-Verlag GmbH Deutschland
Die Anschrift der Gesellschaft ist: Heidelberger Platz 3, 14197 Berlin, Germany

Der Essay – kurz zusammengefasst

Oft dürfen wir uns sagen lassen, dass „der Markt" entscheidet: Er zwingt Unternehmen zu Entlassungen, der Markt scheucht die Politik vor sich her, der Markt reagiert *nervös*. Wir argumentieren: Das ist etwas einfach. Es reicht mit dieser Vergötterung eines bewährten Tauschmechanismus' zwischen Individuen, Unternehmen und öffentlichen Akteuren. Wir fragen: Was, wenn dieser verabsolutierte „Markt" gar nicht existierte?

In diesem Essay setzen wir unterschiedliche *logische Brillen* auf, um den Marktbegriff, seine Bedeutung und Verwendung in der Sprache besser zu verstehen. In einer *dreiwertigen Logik,* in der es eine Mitte zwischen Wahr und Falsch gibt, erscheint der Markt als vergöttertes Dazwischen. Diese Sichtweise ermöglicht es, den Markt rhetorisch zu einer außerweltlichen Autoritätsfigur zu erheben. Dieser Lesart des Marktes halten wir die analytisch scharfe *zweiwertige Logik* entgegen. Und siehe da: Der Markt als solcher existiert gar nicht. Es existieren ausschließlich Marktteilnehmer, die ihren Austausch möglichst frei organisieren.

Mit diesem logischen Blickwinkel fällen wir keine Aussage über ein wahrhaftiges Dasein des Marktes. Wir möchten vielmehr darauf hinweisen, wie die Marktvergötterung genutzt wird, um beispielsweise unangenehme Entscheidungen zu legitimieren und die Verantwortung an einen ominösen Markt abzuwälzen. Ein freier und aufgeklärter Marktbegriff, wie wir ihn vorschlagen, verhindert diese riskanten Verzerrungen.

Magie und ökonomische Aufklärung: Ein Vorwort von Jochen Hörisch

Volkswirte analysieren Zahlen und (be)rechnen (Inflationsraten, das Bruttoinlandsprodukt, terms of trade, die Arbeitslosenquote etc.), Philologen interpretieren Begriffe und Texte. Zählen und erzählen sind konkurrierende und zugleich komplementäre Kulturtechniken. Sie stehen deshalb in einem Spannungsverhältnis, das nicht frei von Gereiztheiten ist. Schon deshalb, weil bei Rechenoperationen weltweit unabhängig von allen kulturellen Einflüssen und historischen Konstellationen dasselbe Resultat herauskommen sollte: $Pi = 3{,}14\ldots$ Interpretationen sind hingegen systematisch mit dem Problem der Mehrdeutigkeit vertraut. Was bloß will uns der Spruch auf der Dollar-Note sagen, der da lautet „In God we trust"? Wohl dies: Dass Gott Vertrauen und Kredit verdient, aber ist er denn auf Kredit angewiesen, ist er klamm, kann er nicht cash zahlen? „In God we trust, all others pay cash" ist denn auch ein in den USA verbreiteter Joke. Oder will das besagen, dass Geld so auf Vertrauen angewiesen ist wie Gott, um existieren = funktionieren zu können? Aber das würde ja heißen, dass der Atheismus und Agnostizismus nicht nur eine religiöse, sondern auch eine finanzökonomische Option ist. Was aber wäre, wenn wir nicht an das Geld glauben würden? Und ist der Spruch „Man muss dran glauben" nicht von irritierender Zweideutigkeit?

Wahrscheinlich dient man dem Interesse an einer krisenfrei funktionierenden Wirtschaft besser, wenn man sich nur an die Zahlen hält, die auf Münzen und Geldscheinen stehen, und die Schriftzeichen ausblendet. Denn die Fragen, die geeignet sind, auch Gutgläubige in Zweifelnde zu wandeln, werden nicht weniger, wenn man weiterliest, was die Dollar-Note kundtut.

„Annuit coeptis" – um Himmels willen, was soll denn dieser Schriftzug auf der Dollar-Note bedeuten? Man möchte den Milliarden Menschen, die da Dollar-Scheine in den Händen (ge)halten (haben) und auch sich selbst nicht zu nahe treten – aber versteht das jemand, ohne bei Wikipedia Hilfe zu suchen und staunend zu erfahren, dieser Spruch sei Vergils antikem Epos „Aeneis" entnommen und hieße „Er heißt das Begonnene gut". Gemeint ist damit der oberste römische Gott Jupiter, aber an den glaubt doch in Zeiten der Emission von Dollar-Noten kaum mehr einer. Und dann steht da noch ein weiterer lateinischer Spruch: „ex pluribus unum"; ist das Lateinische die eigentliche Landessprache in den USA? So wie konservative Katholiken an der lateinischen Liturgie hängen – nicht obwohl, sondern weil das kaum ein Laie versteht und nur so das Mysterium Gottes bewahrt bleibt –, so ist der Verdacht nicht von der Hand zu weisen, dass eine bestimmte Wirtschaftsform auf unverständliche Beglaubigungen dies- und jenseits von Aufklärung angewiesen ist.

Zahlen sind eindeutig, Erzählungen, und seien sie so knapp evoziert wie die auf der Dollar-Note, sind mehrdeutig. Und doch werden Zahlen (alle Zahlen, aber insbesondere die monetären) die Erzählungen nicht los; man muss schlicht wissen, worauf sie sich beziehen. Es fällt zwar auf, dass neue Währungen wie der Euro im Vergleich zu einer klassischen Währung wie dem US-Dollar die Rolle schriftlicher Zeichen minimieren; auf Euro-Scheinen steht weniger zu lesen als auf amerikanischen Bills oder alten DM- bzw. Franc-Scheinen. Aber zumindest die Unterschrift des EZB-Direktors will und muss dafür sorgen, dass den Ziffern Glaubwürdigkeit zukommt. Fast alle wissen, dass dieser Glaube an die magische Kraft einer millionenfach kopierten Signatur reiner Aberglaube ist – aber es ist eben ein zumeist funktionierender Aberglaube. Der Euro-Schein ist, was seine Produktions- und Distributionskosten angeht, einige wenige Cent und zugleich 20, 50 oder 100 Euro wert. Wenn er beglaubigt wird (und das ist glücklicherweise der alltägliche Normalfall), entfaltet er eine magische Kraft, die uns so vertraut ist, dass ihre zauberhaften Qualitäten nicht mehr als solche wahrgenommen werden: Er lässt sich in wirklich wertvolle Güter und Dienstleistungen verwandeln – so wie sich eucharistisch eine Oblate in den Leib Christi wandelt. Schon Heinrich Heine fragte in der Romantischen Schule: „Besteht nun die heutige Religion in der Geldwerdung Gottes oder in der Gottwerdung des Geldes? Genug, die Leute glauben nur an Geld; nur dem gemünzten Metall, den silbernen und goldenen Hostien, schreiben sie eine Wunderkraft zu; das Geld ist der Anfang und das Ende aller ihrer Werke" (Heine 1836, S. 130).

Es gibt keine zweite Sphäre (systemtheoretisch gesprochen: kein zweites soziales Teilsystem), in der die Operationen des Zählens und des Erzählens, des Rationalen und des Irrationalen, des Analysierens und des Glaubens so eng ineinander verwoben sind wie in der der (Finanz-)Wirtschaft. Die ganz große Erzählung, die die moderne Marktwirtschaft begleitet und fundiert, ist, wie diese Bezeichnung bereits anzeigt, dass der Markt existiert und dass eine unsichtbare Hand für Ordnungsstrukturen auf dem Markt sorgt. Es gehört zum intellektuellen Charme des hier vorgelegten Essays von Peter Seele und Lucas Zapf (beide haben eine sowohl theologische als auch ökonomische Ausbildung), dass seine Verfasser keine Angst davor haben, auch in oeconomicis die Gretchenfrage zu stellen, die bekanntlich lautet: Wie hast du's mit der Religion? Gretchen ist wie ihr kluger Geliebter, der Gelehrte namens Faust, Zeitgenossin bzw. Zeitgenosse einer Epoche, in der tradierte Glaubensdispositionen und machtgeschützte kirchliche Autoritäten sich vermehrt Glaubenszweifeln ausgesetzt sehen. Blanker Atheismus ist um das Jahr 1500 n. Chr. zwar noch keine verbreitete Option, aber immerhin eine am Horizont auftauchende verwegene und riskante Möglichkeit. Wer damals behauptete, Gott existiere nicht, musste mit lebensbedrohlichen Sanktionen rechnen. Wer heute die These vertritt, der Markt existiere nicht, wird nicht mit einem vorzeitigen Lebensende auf einem Scheiterhaufen rechnen müssen, wohl aber mit entsetztem Kopfschütteln auch der Wirtschaftswissenschaftler, die sich als religiös amusisch verstehen und mit geringen Aussichten, auf einen volks- oder betriebswirtschaftlichen Lehrstuhl berufen zu werden.

Wer behauptet, der freie Markt sei eine Projektion, die strukturell der Projektion vergleichbar ist, der Gott seine Existenz verdankt, wird in aller Regel von Kämpfern für die reine Lehre als Vertreter von Irrlehren bekämpft werden. Apropos Irrlehren: Muss man Philologe sein, um es auffallend zu finden, dass die Wirtschaftswissenschaften in Deutschland bis heute eben nicht unter dem Etikett „Wissenschaften", sondern eben „Lehren" firmieren? Die Begriffe VWL und BWL sind standardisierte Freud'sche Versprecher. Offenbar muss man aber philologisch sensibel sein, also der Kraft von großen Erzählungen und der ihrer Schlüsselwörter nachhören können, um die doch so populäre Rede von der unsichtbaren Hand des Marktes bedenkenswert zu finden. Was es nicht gibt, ist bekanntlich unsichtbar. Das weiß und erklärt schon das kleine Mädchen im Märchen von des Kaisers neuen Kleidern, die (fast) alle zu sehen glauben, die es aber nicht gibt. Sollte der großen ökomischen Erzählung von der invisible hand ein Wahrheitskern innewohnen, den die nicht sehen und erkennen, die sich dem Wirken dieser Hand primär (be)rechnend nähern? Peter Seele und Lucas Zapf gehen der Vermutung nach, dass die unsichtbare Hand unsichtbar heißt und ist, weil es sie nicht gibt, dass genau diese Einsicht aber durch die Vergötterung des

Marktes ausgeblendet wird, dessen unvordenklichen Ratschluss wir so ausgeliefert sind wie der Hand Gottes. Es gibt EU-Paragrafen, Zollbestimmungen, Notargebühren, Tarifverträge, Bonuszahlungen und vieles mehr – nicht aber eine unsichtbare Hand, die alles dieses so herrlich regieret. Nicht die unsichtbare Hand (Gottes oder des Marktes) ist für das verantwortlich, was (mit uns) geschieht – wir selbst haben es in der Hand, so lautet die eigentlich liberale Aufklärungsparole. Peter Seele und Lucas Zapf bringen die ökonomische Aufklärung auf den Stand der religiösen Aufklärung. Und das ist überfällig, denn ökonomische Fundamentalisten sind fast so bedrohlich wie religiöse Fundamentalisten.

Mannheim, Deutschland   Jochen Hörisch
Im Dezember 2016

Einleitung: Der „böse" Markt und der „gute" Markt

Der böse Markt: Er zwingt. Er drängt. Entscheidet. Treibt die Politik vor sich her. Pulverisiert jahrelang angesparte Renten. Verlagert Arbeitsplätze ins Ausland.

Der gute Markt: Er schafft Wohlstand. Verteilt gerecht, schnell, direkt. Die Grundlage unseres Wirtschaftssystems, verinnerlicht und aufrechterhalten durch unser tagtägliches Schaffen. Wir nehmen Teil am Markt, sind Teil des Marktes.

Und sobald wir näher hinsehen, verschwindet er. Wir sehen nur noch die einzelnen Hände, aus denen „der Markt" besteht. Hände, die tauschen und handeln. Wo ist er plötzlich hin, der gute, der böse? So ist das mit diesem Markt. Mächtig ist er, und grausam. Dann wieder gut. Und plötzlich sieht man ihn nicht mehr. Unergründlich.

Oder eben nicht.

Das Vorhaben: Dekonstruktion und Rekonstruktion des Marktes
Der Markt ist Dreh- und Angelpunkt ökonomischer Aktivitäten in der Marktwirtschaft. Anbieter und Nachfrager treffen sich, um in Austausch zu treten, in vielen Formen und mit vielen Gesichtern: örtlich vorhanden als Wochenmarkt, metaphysisch als globaler-imaginierter Markt. Gleichermaßen technische und soziale Struktur, mit dem Ziel von Organisation und Verteilung.

Wir werden im Folgenden das Zusammenspiel zweier Ebenen betrachten: die technischen Funktionen des Marktes und die normativen Aufladungen des Marktes mit Gut und Böse.

Der Markt ist zunächst eine technische Übereinkunft. Technisch, weil es um die Organisation von Arbeit, Produktion, Handel und Konsum geht. Übereinkunft, weil man sich gesellschaftlich auf diese Form der Tauschorganisation geeinigt hat. Diese Einigung ist gemeinhin die Voraussetzung einer Marktwirtschaft, aber nicht exklusiv darauf reduziert. So sind, wie wir nachfolgend sehen werden, privates Eigentum, Profitorientierung und die Akkumulation von Kapital keine Voraussetzungen für einen Markt. Auch in sozialistischen Planwirtschaften existieren durchaus Märkte, die aber großteils auf den Gewinn des Staates ausgerichtet waren. Andere Märkte, wie der Maori-Potlatsch, stellen das soziale Element des zirkulären Austausches in den Vordergrund.

Diese technische Sachebene ist aber, so wollen wir argumentieren, nur eine unzureichende Beschreibung des Marktes. Der Markt hat darüber hinaus mächtigen Einfluss auf seine Teilnehmer, ist normativ aufgeladen. Wir stellen uns dieser Marktmacht gegenüber. Durchleuchten sie, begeben uns auf die Suche nach ihrer Form. Und wir sehen uns an, welche für Auswirkungen diese behauptete Marktmacht hat. Und die ethischen Probleme, die damit entstehen.

Die formalisierte Aufgabe dieses Buches lautet:

> 1. Wir dekonstruieren das Normative des Marktdiskurses als Konsequenz seiner epistemologischen Funktion.

Eine *Dekonstruktion* zerlegt einen Sachverhalt in seine Einzelteile – in seine Geschichte, seine Akteure, seine Bedeutungen, seinen Kontext. So wird sichtbar, wie sich die Einzelteile zueinander verhalten. Das Thema wird zu kleinen Stücken, die einzeln besser verständlich sind als im Allerweltsbegriff „Markt". Die Dekonstruktion setzt eine analytische Distanz zu ihrem Gegenstand voraus – sie soll möglichst ohne Bewertung stattfinden. Die Lenkung der Dekonstruktion, wie sie bei einer reinen Innenperspektive oder einer strikt ablehnenden Haltung stattfindet, soll so minimiert werden.

Philosophie beginnt mit der Arbeit am Begriff. Unser Thema ist der Markt und die Rede davon. Die Bedeutung eines Begriffs, so heißt es bei Wittgenstein, ist sein Gebrauch in der Sprache. Wir behandeln also den *Marktdiskurs*. Ein Diskurs ist eine systematische, themengebundene Erörterung und Auseinandersetzung in Form verschiedener Äußerungen. Akteure hören, sprechen, lesen und schreiben vom Markt und entwickeln dabei ein bestimmtes Bild von diesem Markt. Ein Bild, eine Zuschreibung, die sich wiederholt, von anderen aufgegriffen und verändert wird. In Interviews, Gesprächen, wissenschaftlichen Aufsätzen, im Internet und im Fernsehen.

Das Normative in diesem Marktdiskurs sind die wertenden Zuschreibungen an den Markt. Wenn Zuschreibungen von „Gut" und „Böse" den Diskurs erreichen, wird er normativ.

Das Normative des Marktdiskurses prägt eine Weltsicht. Und gestaltet damit die Welt. Das Gegenteil wäre ein rein beschreibender, also deskriptiver Diskurs, z. B. über die technischen Funktionen des Marktmechanismus.

Folglich dekonstruieren wir das Normative des Marktdiskurses als Konsequenz seiner epistemologischen Funktion. Mit anderen Worten: In der erkenntnistheoretischen Analyse des Marktbegriffs liegt sein logischer Kern. Diesen legen wir frei, um den Marktbegriff von dort neu aufzubauen. So lautet die zweite Aufgabe:

> 2. Wir rekonstruieren den Markt logisch-epistemologisch.

Ziel ist ein analytisch geschärfter Marktbegriff, der gegen normative und manipulative Unterstellungen abgesichert ist.

Der Markt, durch die Brille der Logik betrachtet
Wir betrachteten den Markt durch die Brille der aristotelischen Logik. Für den wohl größten Philosophen Aristoteles war die Logik ein Mittel, so zu argumentieren, dass eine „Täuschung unmöglich ist" (Aristoteles, *Metaphysik:* 1005). Eine solche Täuschung stellten nach Aristoteles' Auffassung die Umtriebe der Sophisten dar – Auftragsredner, die vor Gericht, dem Parlament, auf dem Markt oder vor Versammlungen gegen Entlohnung Meinungen vertraten. Dies taten sie kunst- und effektvoll. Sie konstruierten die Wahrheit so, dass am meisten Drachmen dabei heraussprangen. In einer sophistischen Rhetorik entspringt die Realität den Worten. Aristoteles war dies ein Dorn im Auge. Er warf den Sophisten Fadenscheinigkeit und Fehlschlüsse vor, eine um sich selbst drehende Rhetorik (vgl. Arning 2007, S. 1077 f.). Aristoteles wollte diese Probleme vermeiden. Dazu stellte er Regeln auf, nach denen sich ein Argument richten muss, um nachvollziehbar, stichhaltig, kurz: logisch zu sein (ausführlicher dazu Kap. 1).

Eine Logik ist damit ein Bündel von Voraussetzungen, unter denen argumentiert wird. Kern der aristotelischen Logik ist dabei: Eine Aussage kann entweder wahr oder falsch sein. Entsprechend: Eine Aussage kann nicht gleichzeitig wahr und falsch sein. Dies besagt der Satz vom ausgeschlossenen Widerspruch. Zum Beispiel: Es kann nicht sein, dass Rudolf ein Rentier und kein Rentier ist.

In diesem Sinne argumentieren wir, dass die Rede vom Markt oftmals eine sophistische ist. Ein Sophismus, der eine eigensinnige Interpretation der Dinge vornimmt. Eine *Hidden Agenda,* die von bestimmten Agenten des Marktes verfolgt und im Marktdiskurs manifest wird. Manager und Banker etwa nutzen den Marktbegriff und seine Implikationen, um – ganz im Sinne des Sophismus – finanzielle Interessen mit rhetorischen Verdrehungen durchzusetzen. Der Markt, der dazu zwingt, die Produktion in Billiglohnländer auszulagern, wird als alternativlose Macht dargestellt. Der Manager muss sich ihr beugen. In seinem Gefolge die betroffenen Arbeiter.

Aber welche Stimme des Marktes hat da gesprochen? Sind die Sachzwänge nicht konkrete Folge individueller unternehmerischer Entscheidungen? Wie kann die Rede vom Markt eine Abwälzung von Verantwortung sein? Warum kann der Markt Hoffnung verheißen und gleichzeitig Enttäuschung bedeuten?

Die sprachlichen Bilder des Marktes erzeugen verschiedene Marktverständnisse. Die Reflexion über diese Bilder bleibt häufig aus (vgl. Brodbeck 2009, S. 48). Genau dem möchten wir mit diesem Buch entgegenwirken.

Wir bezeichnen als „sophistisch", was rhetorisch verdreht und mit dem versteckte Ziele verfolgt werden. Der Sophismus lässt, so Jean Ziegler in einem Interview, „[…] das Absurde vernünftig erscheinen […]" (Löpfe 2015, S. 4) und verstellt die Sicht. Dies lässt sich besonders gut beim Markt beobachten: Sobald der Markt die Idee vom klassischen Wochenmarkt übersteigt, ist er kein Ort und kein Gegenstand mehr. Erst im menschlichen Handeln und Reden nimmt er Form an. Er taucht auf, bildet sich heraus als Folge des Zusammenspiels seiner einzelnen Elemente.

Zwar lassen sich die Effekte des Marktes berechnen. Die jährliche Summe des Marktgeschehens innerhalb einer Volkswirtschaft wird unter dem Titel Bruttoinlandsprodukt (BIP) in eine Zahl gefasst. Auch die Größe einzelner Märkte ist greifbar: Wie viele Autos wurden verkauft, wie viele Häuser, wie viele Laptops? Aber diese Berechnungen bilden nicht die Gesamtheit des Marktes ab. Nie enthalten diese Zahlen jedes einzelne Mitglied, jedes Zahnrad, das im Marktgefüge wirkt. Darum ist die Beschreibung des Marktes Schätzungen, Modellen und Interpretationen unterworfen.

Hier beginnt die Rhetorik. Sobald sich die Beschreibung von einem konkreten Tauschvorgang löst, sobald die Rede von „dem Markt" ist, nimmt der Sprecher eine interpretative Konstruktion vor. Wird im Rahmen dieser Interpretation dem Markt eine eigene Natur, ein Wirken unabhängig von seinen menschlichen Konstituenten unterstellt, beginnt der Sophismus. Hinter der Aufladung des Marktes, hinter der Interpretation und Konstruktion des Marktes werden Interessen sichtbar. Wie der erwähnte Manager, der aufgrund der Entscheidung, die „der Markt" vor langer Zeit bereits getroffen hat, seine Angestellten entlässt.

Eine sophistische Interpretation und Konstruktion aufzudecken, setzt ein Bild des interpretierten und konstruierten Gegenstandes voraus. Einen Anfangs- oder Idealzustand. Was vom Idealzustand abweicht, und zwar so weit, dass es als „absurd" erscheint, kann dann untersucht werden (und auch, warum es als „absurd" erscheint). Welche Interpretation hingegen als „vernünftig" erscheint, ist schwerlich allgemeingültig und objektiv festzuschreiben. Wer vorgibt zu wissen, wie die Wahrheit aussieht, was der „richtige" Zustand ist, der wirkt vermessen. Dennoch gibt es hinsichtlich der Täuschungsversuche Abstufungen, und die aristotelische Logik bietet mit ihrem disziplinierten Denken dafür ein Gerüst, das wir uns zunutze machen wollen. Im Idealfall zwingt Logik zu analytischer Klarheit.

Das Ziel: Aufklärung über die Verwendung des Marktbegriffs
Der Sprachphilosoph Ludwig Wittgenstein schrieb: „Die Bedeutung eines Wortes ist sein Gebrauch in der Sprache. Und die Bedeutung eines Namens erklärt man manchmal dadurch, daß man auf seinen Träger zeigt." (Wittgenstein 1953, S. 43). In eben diesem Sinne werden wir die Bedeutung des Marktbegriffs in seinem Gebrauch untersuchen.

Beispiel eines solchen Begriffsgebrauchs: Adam Smiths „unsichtbare Hand" im *Wohlstand der Nationen* (1776). Individuen folgen ihrem eigenen Nutzen, organisieren sich arbeitsteilig und betreiben freien Handel. Der Philosoph und Ökonom weist darüber hinaus auf einen selbst organisierten, metaphysisch begründeten Steuerungsmechanismus des Marktes hin. Der Begriff der „unsichtbaren Hand" deutet auf diese weitere Sphäre: die Zuschreibung überempirischer, überweltlicher Qualitäten an den Markt. Dem Markt wird Eigenständigkeit zugeschrieben – mit Auswirkungen bis heute: Der britische Künstler Tom Yorke führt in einem Interview eine Kapitalismuskritik aus, wonach ein Individuum Verantwortung abgeben kann an Institutionen, die wie Götter unhinterfragt herrschen können (ins Deutsche übersetzt): „Es ist wie bei einem Opferaltar: Die Hohepriester der globalen Wirtschaft halten jedes Jahr Millionen von Kindern in die Höhe (reißt die Arme nach oben): Wir möchten Euch besänftigen; Oh Götter des Freihandels!" (vgl. Seele und Zapf 2014). Zieht man die Theatralik des Radiohead-Sängers ab, so bleibt die Verantwortungsentledigung: „Wir führen hier nur Befehle von oben aus." Der Markt wird als eigenständige Größe mit

Befehls- und Sanktionsmacht beschrieben. Aussagen wir dieser gehen wir nach. Es geht um die Rekonstruktion der Aufladungen des Marktes. Durch die Untersuchung unterschiedlicher Reden vom Markt (Wissenschaftler, Politiker, Künstler) rekonstruieren wir die Stationen dieser Aufladungen und die Charaktereigenschaften dieser rhetorisch überhöhten Entität.

Ein Ergebnis können wir dabei schon vorwegnehmen: Auffällig an den neueren Zitaten zum Markt ist, dass entgegen der Auffassung von Adam Smith die unsichtbare Hand der freien Marktwirtschaft keine freundliche, zwangsläufig wohlstandsmehrende Hand mehr ist. Keine, die nur den Wohlstand aller mehrt und den Fortschritt durch arbeitsteilige Organisation und Spezialisierung fördert. Wir haben es – zumindest seit der Finanzkrise 2008 bis 2010 – mit einer harten unsichtbaren Hand zu tun, die gnadenlos und unerbittlich das Schicksal von Einzelmenschen bestimmt und ihnen einen Platz weiter unten in der Gesellschaft zuweist.

Die praktischen Auswirkungen genau dieser Mechanismen sind das Erkenntnisziel des vorliegenden Buches. Man stelle sich vor: Ein Chef kündigt einem langjährigen Mitarbeiter mit den Worten: „Der Markt zwingt mich, Ihren Arbeitsplatz ins Ausland zu verlagern." Wer ist denn dieser Markt? Welche Konsequenzen hat dieses Marktverständnis? Was sind die ethischen Implikationen eines solchen Marktes? Wer profitiert eigentlich von diesem aufgeladenen Markt? Diejenigen, die von den Märkten in der beschriebenen Weise sprechen, sind häufig jene, welche die Märkte maßgeblich konstituieren. Für diese Akteure ergibt sich die angenehme Situation, dass sie eine mögliche Verantwortung für ihr eigenes Handeln an jene behauptete Schicksalsmacht abgeben können. Die Märkte haben entschieden … Die Märkte erwarten …

Es kann darum gehen, eine selbstorganisierende Autorität herbeizubeschwören, welche die sozialen Folgen nüchterner wirtschaftlicher Vorgänge in die zweite Reihe beordert: Wir haben nur die Befehle des Marktes ausgeführt und den Marktgesetzen gehorcht. Wer ist hier der Markt?

Wir wollen verdeutlichen, dass nicht „der Markt" wirkt, sondern die individuelle Entscheidung. Was den Markt, seinen Einfluss und seinen Respekt ausmacht, ist eine Konstruktion. Eine Deutung, die nicht besteht wie ein Naturgesetz. Sie ist hinterfragbar.

Unser Ziel ist die Aufklärung über die Verwendung des Marktbegriffs. Damit verorten wir uns im Forschungsprogramm des „Basler Manifest zur Ökonomischen Aufklärung" (Chesney et al. 2013): Kein Markt- oder Wirtschaftsbashing, sondern die Glättung eines normativ und manipulativ verzerrten Marktbegriffs. Unter Umständen auch die Erkenntnis, dass sich bestimmte Agenten des Marktes in eine unangenehme Situation gebracht haben. Einem Programm, einer gedachten Macht folgend, die sie nicht im Griff haben, an die sie vielleicht gar nicht glauben. Wie der Zauberlehrling, dem seine eigene Beschwörung über den Kopf wächst. Wo ist der Meister, der den Besen schwingt und den Markt in die Schranken zurückweist? Oder ist Resignation die Antwort auf das Problem – sind die Akteure zu tief verstrickt und müssen immer weiter fortfahren, wie es Immanuel Kant in einer Reflexion über das Böse befürchtet: „Eine wohlgeartete Seele ist leicht zum Glauben […] zu überzeugen, aber einem bösen ist nicht zu helfen. Seines Herzens Härtigkeit mach ihn blos aus Speculation erpicht, und er fürchtet allenfals einen Gott, aber glaubt ihn nicht […]" (Kant, *Metaphysik:* 206).

Der Weg zu diesem Erkenntnisziel, den wir im Folgenden vorschlagen, lässt sich in einem Schaubild zusammenfassen (Abb. 1).

Das Schaubild zeigt in der obersten Spalte den Begriff ‚Markt', unseren Ausgangspunkt. Auf der linken Seite der Grafik sind die verschiedenen Ebenen der Untersuchung beschrieben:

- *Logische Brille auf den Begriff:* Je nach Typ der Betrachtungslogik, je nach Brille, erkennt der Betrachter unterschiedliche Ausprägungen des Marktes. Wir unterscheiden zwischen zwei grundsätzlichen Betrachtungslogiken:

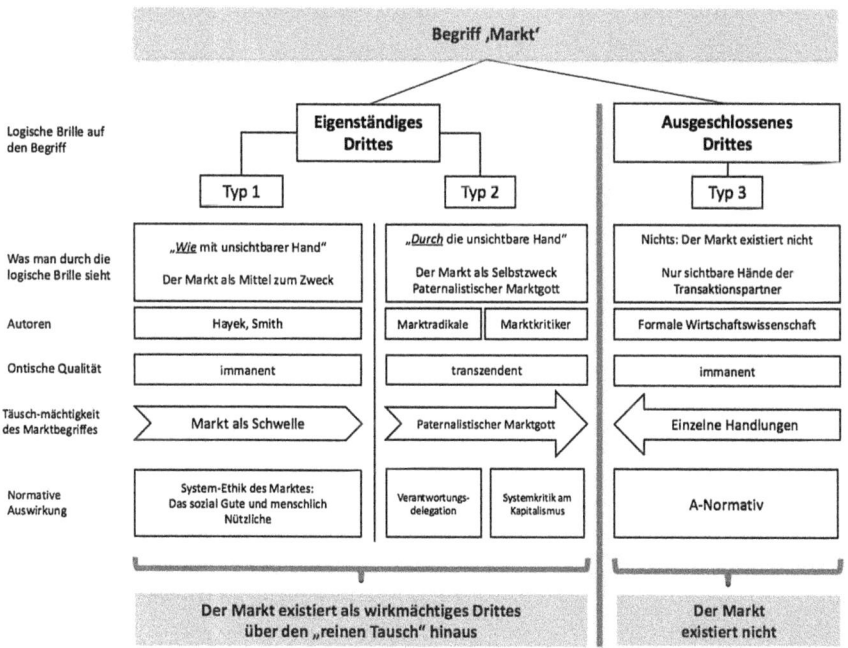

Abb. 1 Der Marktbegriff in dreifach logischer Betrachtung

Eigenständiges Drittes (bezeichnet als Typ 1 und 2) und Ausgeschlossenes Drittes (als Typ 3). Die drei Typen sind die logischen Brillen auf den Marktbegriff, die wir in den nachfolgenden Kapiteln ausformulieren.
- *Was man durch die Brille sieht:* Die Betrachtungslogiken führen zu einer bestimmten Marktbetrachtung und Marktausformung – die mit den verschiedenen Brillen sichtbar werden. Beispielhaft werden dabei einschlägige *Autoren* für diese Sichtweisen angeführt.
- *Ontische Qualität:* Die Typen der Betrachtungslogiken unterscheiden sich in den Ebenen, auf denen sie Wirkung beanspruchen: immanent (innerweltlich) für die Typen 1 und 3, transzendent (außerweltlich) für den Typ 2.
- Die Qualität der *Täuschmächtigkeit* bezieht sich auf die augenfällige, prototypische Form, die der Markt durch die jeweilige Betrachtungslogik annimmt. Hier wird die Diskrepanz zwischen dem paternalistischen Marktgott des Typs 2 und der radikal reduzierten Sicht der ausschließlich einzelnen Handlungen beim Typ 3 besonders sichtbar.
- Die *normativen Auswirkungen* bringen Licht in die Frage der Bewertung der verschiedenen Betrachtungslogiken: von der System-Ethik (Typ 1) über Verantwortungsdelegation und die Systemkritik (Typ 2) bis hin zum A-Normativen Typ 3.

Die Beobachtungen führen zur zusammenfassenden Feststellung: Bei den Typen 1 und 2 existiert der Markt als wirkmächtiges Drittes. Bei Typ 3 hingegen wird dies ausgeschlossen – was zur titelgebenden Feststellung führt: Der Markt existiert nicht.

Mit welchem Markt wollen wir leben? Welche Aufladungen über seine technische Funktion wollen wir anerkennen? Mit unseren nachfolgenden Darstellungen wollen wir darüber reflektieren und uns den Antworten zu diesen Fragen nähern.

Inhaltsverzeichnis

Teil I   Erkenntnistheoretische Betrachtung des Marktbegriffs

1 Der Marktbegriff im Auge des Betrachters: Die Logikbrille ... 3
  1.1 Mit Logik gegen irreführende Rhetorik: Grundlagen der zwei- und dreiwertigen Logik ... 3
  1.2 Logik und Markt – Von Magritte zur aussagenlogischen Dekonstruktion ... 7

2 Ideengeschichte: Der Markt als eigenständiges Drittes ... 11
  2.1 Glauben schafft Werte I: Gabenökonomie und der „Geist der gegebenen Sache" ... 11
  2.2 Glauben schafft Werte II: Die Aufladung des Geldes ... 13
  2.3 Der Markt als Ort und seine Loslösung: Agora und Forum Romanum ... 14
  2.4 Teleologie und Marktwirtschaft ... 16
  2.5 Die Geschichte des modernen Marktes ... 17
    2.5.1 Die Neuzeit als Wegbereiter: Vom Rationalismus zum Renaissancehumanismus zum Utilitarismus ... 17
    2.5.2 Adam Smith und die unsichtbare Hand ... 18
    2.5.3 Verhältnisbestimmungen zwischen Markt und Gesellschaft ... 22
    2.5.4 Neuere Marktdeutungen: Zwischen Entgrenzung und Ethisierung ... 30
  2.6 Zusammenfassung: Verhältnisbestimmungen zwischen Markt und Gesellschaft ... 35

Teil II Auf den Spuren des Marktgottes: Eine Typologie

3 Das eigenständige Dritte des Marktes … 39

4 Typ 1: Eigenständiges Drittes: Markt als Schwelle … 43
  4.1 Erkenntnistheoretische Positionierung … 43
  4.2 Metaphysische Positionierung: Immanent … 45
  4.3 Ethisch-normative Positionierung: System-Ethik … 45
  4.4 Profil und Charakterisierung von Typ 1: Eigenständiges Drittes – Markt als Schwelle … 47
  4.5 Täuschungen und Grauzonen: Vom Markt als Schwelle zur Marktvergötterung … 51

5 Typ 2: Eigenständiges Drittes: Marktvergötterung … 55
  5.1 Erkenntnistheoretische Positionierung … 55
  5.2 Metaphysische Positionierung: Transzendent … 58
  5.3 Ethisch-normative Positionierung: Absolutismus … 59
  5.4 Profil und Charakterisierung von Typ 2: Paternalistischer Marktgott? … 60
    5.4.1 Ein Indizienprozess zum „Marktgott": Die Aussagen Dritter … 60
    5.4.2 Beispiele in der Wirtschaftskommunikation … 61
  5.5 Von der Beschreibung zur Bewertung: Die ethischen Konsequenzen der Marktvergötterung jenseits der roten Linie … 77
    5.5.1 Die Vergötterung des Marktes aus Sicht von Marktkritikern … 79
    5.5.2 Die Vergötterung des Marktes zur Abwälzung von Verantwortung … 85

Teil III Der Markt existiert nicht

6 Typ 3: Ausgeschlossenes Drittes: Binärer Markt – Einzelne Handlungen … 93
  6.1 Erkenntnistheoretische Positionierung … 95
  6.2 Metaphysische Positionierung: Immanent … 97
  6.3 Ethisch-normative Positionierung: A-normativ … 97
  6.4 Synthese: Der Markt als technisch-ökonomischer Mechanismus … 98

7 Schlussfolgerung: Für einen aufgeklärt-freien,
  nicht-vergötterten Markt mit klaren
  Verantwortlichkeiten   101

Das verlorene Einkaufsparadies und die Entzauberung
der Ökonomie: Ein theologisches Nachwort von
Christoph Weber-Berg   107

Literatur   113

Abbildungsverzeichnis

Abb. 1.1	Magritte – „La trahison des images". Eigene Aufnahme clz im LACMA	8
Abb. 1.2	Aussagenlogische Dekonstruktion des Marktbegriffs	9
Abb. 2.1	Verhältnisbestimmungen zwischen Markt und Gesellschaft	36
Abb. 3.1	Betrachtungslogik des eigenständigen Dritten	40
Abb. 4.1	Typ 1 im Verhältnis zu den anderen Betrachtungslogiken	44
Abb. 5.1	Typ 2 im Verhältnis zu den anderen Betrachtungslogiken	56
Abb. 5.2	Karikatur *Märkte*	82
Abb. 5.3	Karikatur *Nervös*	83
Abb. 6.1	Typ 3 im Verhältnis zu den anderen Betrachtungslogiken	96

Teil I

Erkenntnistheoretische Betrachtung des Marktbegriffs

1

Der Marktbegriff im Auge des Betrachters: Die Logikbrille

Im Folgenden erklären wir die Grundlagen der klassischen zweiwertigen Logik *(ausgeschlossener Widerspruch)* sowie die Erweiterungen einer dreiwertigen Logik *(eingeschlossenes Drittes)*. Wir argumentieren, dass sich die logischen Grundsätze wie eine Brille „aufsetzen" lassen und das Untersuchungsobjekt – hier der Begriff Markt – durch die verschiedenen logischen Brillen unterschiedlich erscheint.

Dazu erklären wir zunächst die Grundidee der klassischen aristotelischen Logik und der dreiwertigen Logik. Dabei machen wir uns zunutze, dass die Logik nicht nur erkenntnistheoretische Implikationen hat, sondern auch ontologische. Mit anderen Worten: Erst wenn man ein eigenständiges Drittes zulässt und nicht ausschließt, erscheint der Markt als *der* Markt, als eigenständige Plattform *zwischen* den Tauschpartnern. Die normativ-ideologische Aufladung des Marktes ist, so wollen wir zeigen, Konsequenz der Logik, mit welcher der Markt betrachtet wird.

1.1 Mit Logik gegen irreführende Rhetorik: Grundlagen der zwei- und dreiwertigen Logik

Logik ordnet. Der Begriff Markt wird – so der Beitrag dieses Buches – in unterschiedlichen logischen Weisen verwendet. Die Rede vom Markt in unterschiedlicher Bedeutung begünstigen ideologische Aufladungen und sophistische Tricks einer manipulativen Rhetorik.

Die Logik war eine Reaktion auf die rhetorischen Tricks der Sophisten. Diese gaben jedem, der genug zahlte, Rat und Unterricht. Dank instrumenteller Rhetorik und Argumentation wurden die Sophisten bald mächtige politische Berater und Einflüsterer. Dies führte unter anderem dazu, dass sich die klassischen Philosophen herausbildeten, die nicht als Rhetoriksöldner oder Spin-Doktoren die öffentlichen Verhältnisse beeinflussten, sondern die Vernunft und ihre Liebe zur Weisheit zu ihrem Antrieb erhoben. In systematischer Hinsicht zählte dazu die Herausbildung der Logik als Kunst der vernünftigen und schlüssigen Argumentation. Um dem trickreichen Treiben der Sophisten analytische Klarheit und Stringenz entgegenzusetzen, bildete Aristoteles die Grundgesetze der Logik heraus, um klar und unmissverständlich zwischen Wahr und Falsch unterscheiden zu können. Auf sophistisch-dialektische Spiele, die einem buchstäblich das Wort im Munde herumdrehen können, wollte er sich nicht einlassen.

Wenn es um die Notwendigkeit einer zweiwertigen Widerspruchsfreiheit geht, ist Aristoteles in seiner Metaphysik glasklar. Sein Ziel ist die Verhinderung von Täuschung: „Doch das sicherste Prinzip von allen ist das, bei dem eine Täuschung unmöglich ist […] es ist unmöglich, dass dasselbe demselben in derselben Beziehung zugleich zukomme und nicht zukomme" (Aristoteles, *Metaphysik*: 1005b).

Die beiden axiomatischen Grundsätze einer klaren, zweiwertigen Logik lauten:

1. *Der Satz vom ausgeschlossenen Widerspruch.*
Aristoteles, Vater der klassischen Logik, war bestrebt, den Manipulationen und Täuschungen der Sophisten ein analytisches System entgegenzustellen. Widersprüche werden in dieser zweiwertigen Logik nicht toleriert. Entweder-oder. Wahr oder falsch.

Was ist so gefährlich am Widerspruch? Ein Beispiel: Eine Person fährt mit dem Auto auf der Straße und verursacht einen Unfall auf einer Straße, auf der bei Nässe reduzierte Geschwindigkeit gilt. Die Person sagt: „Ich bin nicht zu schnell gefahren. Es hat nicht geregnet." Die Versicherung sagt: „Es war überhöhte Geschwindigkeit, der Wetterbericht spricht von Regen."

An diesem Beispiel zeigen sich die Einfallstore für rhetorische Argumentationsstrategien und sophistische Detailverhandlungen: Wann ist Regen Regen? Wann ist eine Straße nass?

Die Straße kann nicht gleichzeitig nass und nicht-nass sein. In der Luft kann es nicht gleichzeitig Regen und keinen Regen geben. Beide Aussagen stehen sich gegenüber. Nun könnte man über Luftfeuchtigkeit in

Prozenten diskutieren, über Tropfengröße und Fallgeschwindigkeit, über Wasserflecken bis zu welcher Tiefe auf der Straße und Trockenflecken bis zu welcher Größe. Man kann es herunterdeklinieren bis zur Menge an H_2O-Molekülen pro Quadratzentimeter Fläche und pro Kubikzentimeter Luft. Allein, was bringt es, dies eine Woche später zu erörtern, wenn am Tag des Unfalls keine Messung durchgeführt wurde?

Hier sagt die aristotelische Logik: Entweder es regnet oder es regnet nicht. Anderes (so plausibel die Details der Argumentation sein mögen) existiert nicht in dieser zweiwertigen, Entweder-oder-Logik. Widersprüche werden per se ausgeschlossen.

Man sieht schnell, wie hilfreich diese zweiwertige Logik ist, um klare Verhältnisse zu produzieren. Man sieht aber auch, wie wenig damit gewonnen ist, denn die Frage, ob die Straße nass oder trocken war, erfordert juristische Klärung zur Zuschreibung der Verantwortung und finanzieller Kompensation.

Deswegen hat Aristoteles einen zweiten Lehrsatz für die klassische Logik aufgestellt. Dieser ist eng verwandt mit dem Satz vom ausgeschlossenen Widerspruch. Für die Entwicklung eines analytischen Systems von schneidender Schärfe ist es erforderlich, auch diesen Satz strikt anzuwenden:

2. *Der Satz vom ausgeschlossenen Dritten.*
Dieser Satz besagt, dass zwischen einer Aussage und ihrem Gegenteil, ihrer Negation, nichts „dazwischen" liegen kann. Kein Drittes zwischen wahr und falsch, zwischen Regen und Nicht-Regen. Schwacher Nieselregen, hohe Luftfeuchtigkeit, gesättigte Luft kann es nicht geben in der zweiwertigen Frage von Regen oder nicht Regen. Man muss sich entscheiden. Dazu zwingt die zweiwertige Logik. In dieser Logik besteht die Klarheit, die keine Täuschung erlaubt – wie sie die Sophisten betrieben und Aristoteles anprangerte. Halbwahrheiten werden ausgemerzt, da sie das Einfallstor zu Täuschungen, irreführenden Überhöhungen und unzulässigen Reduzierungen öffnen. Es kann kein Drittes geben, es darf kein Drittes geben. In blumigeren Worten: Das (zugelassene) Dritte erschafft Dämonen und Zwischenwesen wie den Zentaur, ein Schwellenwesen zwischen Mensch und Pferd und doch weder das eine noch das andere – eben ein mythisches Drittes.

Wenn der Prozess als eigenständiges Drittes erlaubt wird, nimmt er Gestalt an. Das Dritte ist eine Figur des Übergangs. Das Zweiwertige ist eine Figur der statischen Wahrheiten, mit denen man rechnen kann. Im buchstäblichen Sinne.

Das Konzept der Schwelle verdeutlicht den Unterschied zwischen dem Einschluss und Ausschluss eines Dritten. In einer zweiwertigen Logik gibt es Drinnen und Draußen, Wohnzimmer und Küche. Die Türschwelle trennt die Küche vom Wohnzimmer. Sie begründet den Übergang. Doch die Schwelle trennt nicht nur, sie verbindet gleichermaßen (Saeverin 2002). Somit lautet die Frage: Ist der Übergang der Schwelle etwas Eigenständiges, ein Drittes zwischen Wohnzimmer und Küche? Oder ist es das ausgeschlossene Dritte? In der klassischen, zweiwertigen Logik würde die Schwelle auf die nicht-ausgedehnte Trennlinie zwischen Wohnzimmer und Küche reduziert werden.

Lässt man hingegen ein Drittes zu, wie dies bei einer dreiwertigen Logik der Fall ist, dann wird die Schwelle zu einem Dritten zwischen Wohnzimmer und Küche (Günther 1933, 1967; Kosko 1991; Zadeh 1973, 1997). Ein Drittes eigenen Rechts. Eine nicht unplausible Deutung, wie breite Türschwellen zeigen. Gleiches gilt für den Begriff der Epochenschwelle (Blumenberg 1976; Seele 2008; Seele und Wagner 2008), oder der Sattelzeit (Koselleck 1987) oder des Paradigmenwechsels, wo zwischen zwei Zeitaltern eine Übergangsphase angenommen wird, die weder das Vorher noch das Hinterher ist. Sondern der Übergang als eigenständiges Drittes dazwischen. Jene, die auf dem Übergang agieren, werden als Schwellenfiguren bezeichnet. Grenzgänger, die in beiden Bereichen gleichzeitig zuhause sind, aber nicht eindeutig zum einen oder anderen gehören. Sie sind innovativ und treiben den Wandel an. Aber sie sind der Gefahr ausgesetzt, zwischen den verschiedenen Übergängen verloren zu gehen. Sie befinden sich strukturell zwischen den Stühlen. Als Beispiele solcher Schwellenwesen werden Propheten, Heilige, aber auch Clowns und Hofnarren beschrieben (vgl. Seele 2008, S. 253). Letzterer wird uns im Kap. 7 wieder begegnen, wenn wir die Aufladungen des Marktes und die Marktvergötterung als eine Narretei beschreiben. Die Markt-Narretei macht sich die Schwelle des Marktes zunutze, um bestimmte Interessen durchzusetzen, Macht zu demonstrieren und Verantwortung zu delegieren. Ihre Akteure sind Wesen, die auf der Schwelle des Marktes ihrem Geschäft nachgehen. In einer zweiwertigen Logik hingegen gibt keinen Übergangsbereich und keine Figuren, die in diesem Dazwischen agieren.

Je nach Logik sehen die gleichen Dinge unterschiedlich aus. Je nachdem, ob wir eine zweiwertige Denklogik im Kopf haben, die keine Widersprüche und kein Drittes zulässt. Oder ob wir eine dreiwertige Denklogik im Kopf haben, die den Blick für die Zwischenräume öffnet.

Denkbar anschaulich ist dies in Goethes Faust, wo der Teufel über die Schwelle zu Goethes Haus eindringt. Auf der Schwelle, hier unser Drittes, ist ein Pentagramm gezeichnet. Weil das Pentagramm nicht geschlossen ist, findet der Teufel über die Schwelle.[1]

Nur: Was hilft uns die Unterscheidung zwischen zwei- und dreiwertiger Logik für unsere Untersuchung zum Markt?

1.2 Logik und Markt – Von Magritte zur aussagenlogischen Dekonstruktion

Die Grundbedingungen der Logik, seien sie nun zweiwertig (entweder-oder) oder dreiwertig (eingeschlossene Mitte), haben nicht nur erkenntnistheoretische Folgen, sondern auch ontologische (also das Seiende betreffend). So lässt sich also hinsichtlich des Marktes fragen, auf welchem logischen Verständnis ein jeweiliger Marktbegriff fußt. Ist es der Markt als technischer Tausch- und Allokationsmechanismus? Oder haben wir es mit dem Markt als einem eigenständigen Dritten zu tun, das durch den Tausch der Tauschpartner entsteht, bei Adam Smith: „wie mit unsichtbarer Hand"? Oder schließlich mit einem eigenständigen und autonom existierenden Dritten, das den Markt gottgleich macht, das befiehlt und straft? Also nicht mehr „wie" mit unsichtbarer Hand, sondern „durch" die unsichtbare Hand. Der Markt als *der* Markt existiert also nur, wenn wir ein Drittes zulassen. Wenn wir dieses Dritte zulassen, öffnet es Raum für Aufladungen, Spekulationen und Übertreibungen. Im Guten wie im Schlechten. So wie es den in der Einleitung beschriebenen „guten" und den „bösen" Markt geben kann.

Wir entwickeln aus diesen logischen Grundannahmen eine Typologie von Marktbegriffen und unterscheiden entlang der zugrunde liegenden logischen Systeme. Differenziert wird zwischen:

- Dem Markt in einer dreiwertigen Logik. Hier wird der Markt als eingeschlossenes Drittes verstanden.
- Dem Markt in der klassisch-aristotelischen Logik. Diese beruht auf dem Satz vom ausgeschlossenen Widerspruch und dem Satz vom ausgeschlossenen Dritten. Dieser Marktbegriff ist rein funktional und führt zur titelgebenden Provokation, dass der Markt als *der* Markt nicht existiert.

---

[1] Zur weiteren Vertiefung: Dreiwertige Logiken können Emergenzen erklären, so wie dies Gotthard Günther zur Anwendung bringt. Oder sie können Unschärfen logisch nutzbar machen, wie die Fuzzy Logic Lotfie Zadehs (Zadeh 1973, 1997). Bart Kosko (Kosko 1991) hat eine Kulturgeschichte der Logiken des Westens (entweder-oder zweiwertig) und des Ostens (prozessual dreiwertig) geschrieben, in welcher die Fuzzy Logic als im kulturellen Transit Bakus entstanden interpretiert wird.

1 Der Marktbegriff im Auge des Betrachters: Die Logikbrille

Dieses Vorhaben erinnert an ein Bildnis des belgischen Malers René Magritte (1898–1967): „La trahison des images" (Abb. 1.1). Abgebildet ist eine klassische Pfeife, gearbeitet aus Holz und mit einem schwarzen Mundstück. Unter der Pfeife steht in Schreibschrift geschrieben: „Ceci n'est pas une pipe."

Die Interpretation dieses Bildes und seiner zunächst paradoxen Aussage beginnt mit dem Titel „Der Verrat der Bilder". Der Verrat besteht für Magritte darin, die Abbildung einer Sache mit der Sache für identisch zu halten. Dies gilt für bildliche wie für sprachliche Darstellungen (vgl. Foucault 1983). Auf diese Weise verraten die Bilder ihre Betrachter, da sie eine Beziehung zwischen Abbild und Realität herstellen, die nicht zwingend besteht. Das Thema des Bildes ist die Identifizierung des Wortes mit seinem Gegenstand und die Gleichsetzung der Abbildung mit dessen realer Essenz. Indem Magritte das Abbild der Pfeife als Nicht-Pfeife offenlegt und als Titel „Der Verrat der Bilder" wählt, dreht Magritte dieses Thema um. Im ersten Moment fühlt sich der Betrachter von der Abbildung und dem Text „verraten" – um dann statt des Verrates die Kritik zu verstehen.

Übertragen wir die kritische Aussage dieses Bildes auf den Markt und nehmen dessen sprachliche Begrifflichkeit zum Ausgang: Der Träger des Marktbegriffs zeichnet ein bestimmtes Bild des Marktes. Dieses Bild wird, indem es wiederholt, elaboriert, immer feiner gezeichnet und mit einer ganz eigenen Logik versehen wird, plötzlich zum Markt selbst, zur Essenz

Abb. 1.1 Magritte – „La trahison des images". Eigene Aufnahme clz im LACMA

1.2 Logik und Markt – Von Magritte zur aussagenlogischen Dekonstruktion

des Marktes. Mit jenem neu geschaffenen Bild des Marktes wird aber der Rezipient „verraten", getäuscht – denn es ist nicht der Markt selbst, sondern nur seine Abbildung. So wie Magritte mit seinem Bild den Betrachter auf diesen Verrat aufmerksam macht, machen wir auf den Verrat aufmerksam, der mit dem aufgeladenen Marktbegriff zusammenhängt. Der Marktbegriff entspricht nicht „dem Markt", sondern ist eine Abbildung mit dahinterliegenden Interessen. Um diese Abbildung des Marktes und ihre Funktionen besser zu verstehen und um eine analytische Distanz zu unserem Untersuchungsgegenstand herzustellen, unterziehen wird die verschiedenen Marktbegriffe einer aussagenlogischen Dekonstruktion. Die Definition dessen, was „der Markt" bedeutet, kommt nicht von uns, sondern von den untersuchten Quellen. Die Dekonstruktion der den verschiedenen Marktbegriffen zugrunde liegenden Logik zeigt den Nutzer des jeweiligen Marktbegriffs als Angehörigen eines der hier vorgestellten Typus. Wir verlassen damit den Binnendiskurs des Marktes und betrachten dessen Begriffsverwendung von außen. Entsprechend entsteht der normative Gehalt unserer Darstellungen aus der differenzierten Betrachtung der verschiedenen Logiken, die hinter den jeweiligen Marktbegriffen stehen. Beispielsweise, wenn „der Markt" zum Garanten gesellschaftlichen Wohlstandes wird (Typ 1) oder dazu genutzt wird, unternehmerische Verantwortung zu delegieren. um eigenes Fehlverhalten zu rechtfertigen (Typ 2, s. Abschn. 5.5.2).

Ein Ausschnitt aus dem Schaubild unseres Gesamtarguments verdeutlicht die aussagenlogische Klassifizierung, entlang welcher wir unsere Untersuchung ausrichten (Abb. 1.2).

Wir beginnen die Untersuchung mit einer aussagenlogischen Dekonstruktion, die den Marktbegriff in zwei grundsätzliche Betrachtungslogiken einteilt: eine, die ein eigenständiges Drittes zulässt, und eine, die ein solches

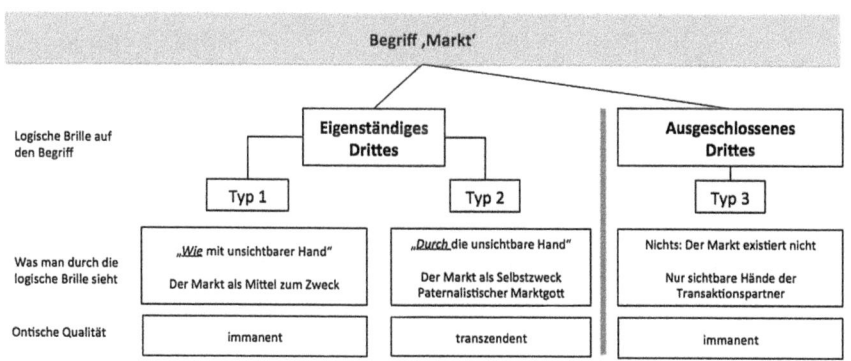

Abb. 1.2 Aussagenlogische Dekonstruktion des Marktbegriffs

Drittes ausschließt. Die Betrachtungslogik des eigenständigen Dritten wird wiederum in zwei Unterkategorien (Typ 1 und 2) eingeteilt, die sich auf die ontologische Qualität des jeweiligen Marktbegriffs beziehen. Beim Typ 1 bezieht sich der Markt als eigenständiges Drittes auf immanente Begebenheiten – wie beispielsweise volkswirtschaftlichen Wohlstand. Beim Typ 2 hingegen ist der Bezugsrahmen transzendent – der Markt ist nicht mehr geerdet, er wird vergöttert und dadurch zum paternalistischen Marktgott. Entgegen dieser Denkweisen ist der Typ 3 die logische Rekonstruktion des Marktes unter einer zweiwertigen Logik. Eine Logik, die keinen Raum für Täuschung, Aufladung und Spekulation eröffnet. Stattdessen ein klarer Blick auf den Verteilungsmechanismus unseres Wirtschaftssystems.

Im Folgenden werden wir die verschiedenen Typen des logisch dekonstruierten Marktbegriffs darstellen und anhand von Beispielen erklären.

2

Ideengeschichte: Der Markt als eigenständiges Drittes

An den Markt zu glauben, seine Überhöhung und die Möglichkeit eines eingeschlossenen Dritten schaffen einen eigenständigen Wert über das Offensichtliche hinaus. Dies entspricht der Denkweise einer dreiwertigen Logik. Diese Logik steht in einer jahrhundertelangen Deutungstradition zum Markt. Die Geschichte ist voll von Marktdiskursen, die den Markt als eigenständiges Drittes konstruieren, als einen eigenen Wert. Diesen Wert beschreiben wir im folgenden Kapitel entlang der Geistesgeschichte. In welchen Stationen hat sich der Markt als eigenständiges Drittes entwickelt?

Wir betrachten verschiedene Aufladungen, um die Logik des Marktes als eingeschlossenes Drittes zu begreifen.

2.1 Glauben schafft Werte I: Gabenökonomie und der „Geist der gegebenen Sache"

Unsere Darstellung beginnt mit einer Eingrenzung. Wir erforschen die Aufladungen des monetären Marktes in einem marktwirtschaftlichen Umfeld: Märkte, in denen eine Gewinnerzielungsabsicht besteht und Geld das vorherrschende Tauschmedium darstellt. Dies geschieht im Bewusstsein, dass es zahlreiche weitere Lesarten des Marktes gibt. Andere Geschichtsschreibungen, andere religiöse Prägungen.

So wie die prä-monetären Märkte auf den Pazifikinseln. Diese beruhen auf Warengeld-Tausch mit Salz, Muscheln usw. und sind nicht zwangsläufig auf Gewinnerzielung ausgerichtet. Hier ist das eingeschlossene Dritte des

Marktes anders nuanciert als in unserem gegenwärtigen Markt. Der Soziologe und Ethnologe Marcel Mauss erzählt in diesem Zusammenhang vom nicht-monetären Marktgeschehen der neuseeländischen Maori. Die Tauschbeziehungen untereinander und zwischen den Stämmen sind nicht nur mit Gewinnerzielung verbunden. Es werden „nicht ausschließlich Güter und Reichtümer, bewegliche und unbewegliche Habe, wirtschaftlich nützliche Dinge [getauscht]. Es sind vor allem Höflichkeiten, Festessen, Rituale, Militärdienste, Frauen, Kinder, Tänze, Feste, Märkte, bei denen der Handel nur ein Moment und der Umlauf der Reichtümer nur eine Seite eines weit allgemeineren und weit beständigeren Vertrags ist" (Mauss 1968, S. 22). Diese Form des Tausches erhält von Mauss den Namen *Potlatsch*. Das Geben, Annehmen und Erwidern sind hier wichtiger als der Gewinn. Durch diese drei Elemente entsteht ein Tauschsystem, das ohne Geld auskommt. Es verlässt sich auf die Gegenseitigkeit der Tauschpartner. Man spricht von der *Gabenökonomie*. Durch die Gabe entsteht ein Drittes, welches an die Tauschobjekte gebunden ist und das sich im Vorgang der Gabe zeigt. Mauss nennt dies den „Geist der gegebenen Sache" (vgl. Mauss 1968, S. 33 ff.). Diese Sache ist nicht leblos, sondern transportiert im Prozess der Gabe einen Teil seines Gebers, ist von ihm beseelt und gibt einen Teil dieser Seele an den nächsten Halter der Sache weiter. Der „Gewinn" dieser Vorgänge ist nicht monetär, sondern sozial. Es ist der Wille zur Kooperation und eine Alternative, um Wohlstand und Einfluss außerhalb kriegerischer Auseinandersetzungen voranzubringen (vgl. Paul 2005, S. 250). Dies ist die Aufladung des prä-monetären Marktes: Statt des Marktes selbst wird die Beziehung zwischen den Gebenden überhöht.

Der Markt ist über den ökonomischen Aspekt hinaus soziale Institution und Mittel zur Verwirklichung gesellschaftlicher und politischer Überlegungen. Die Aufladung dieses Marktes folgt einer nicht primär ökonomischen Zielvorstellung. Deutlich wird in diesem Markt das Potenzial, den Tauschvorgang mit über sich selbst hinausweisenden Aufladungen zu versehen. Deutlich wird außerdem die kulturelle Bedingtheit des Marktes, die sich in diesen Aufladungen äußert.

Wir machen einen Schritt von der Maori-Gabenökonomie zur christlich geprägten Ökonomie und dem modernem Geldsystem – und lernen eine weitere Form der Aufladung kennen.

2.2 Glauben schafft Werte II: Die Aufladung des Geldes

Bei der Aufladung des Geldes spielen soziale Erwägungen, ganz wie im Maori-Markt, eine zentrale Bedeutung. Allerdings verschiebt das Geld den Fokus der Aufladung vom Tauschvorgang und der damit verbundenen sozialen Beziehung auf das Tauschmedium.

Der nachfolgende Exkurs zum Geld zeigt, wie durch Glauben an Geld sein Wert entsteht. Diese Betrachtung liefert einen Einstieg zur Frage, welche Rolle ein solcher Glauben für ökonomische Zusammenhänge spielt – und wird im nächsten Schritt auf den Markt angewendet.

Wie es dazu kam, zeigt ein kurzer Blick auf die Entwicklung moderner Währungen. Frühe Geldsysteme wurden von einem Rohstoff gestützt. Das Geld war Vertreter des Rohstoffwertes. So bestimmte sich der Wert einer Währung in der Regel im Verhältnis zum Gold. Zudem entstanden das Kredit- und das Fiatgeld. Beim Fiatgeld stehen der Geldmenge keine Rohstoffe wie Goldreserven gegenüber. Das Geld wird von einer Zentralbank „geschaffen" (fiat von lat. fieri – werden, entstehen, erschaffen). Der Wert des Geldes bemisst sich am Wert der es nutzenden Volkswirtschaften und der Sicherung dieses Wertes durch die Politik. Vertrauen in die Währung wird zentral für die Anerkennung des Geldes und dessen Funktionieren (Seele 2009). Es wird zum Strukturmerkmal von Geld, dass seine Anwender daran glauben. Dieses Glaubensfundament des Geldes bewirkt, dass beim Umgang mit dem Geld „der menschliche Faktor" stark zum Tragen kommt. Von gigantischen Spekulationsgewinnen bis hin zur Entwertung ganzer Währungssysteme ist das Fiatgeld ein Spielball von Emotionen. Bereits zu Beginn der Ära des Fiatgeldes in den 1920er-Jahren sprach der Politik- und Wirtschaftswissenschaftler Erich Eppich von der „Massensuggestion des Geldes":

> Nur wenige Eingeweihte wissen, warum es sich eigentlich handelt, die große Menge läßt sich von der Stimmung treiben. Dabei ist es erstaunlich, wie fein sie reagiert auf kleinste Anzeichen, wie schnell die Stimmung umschlagen kann, wobei oft die Logik völlig versagt. Solche Vorgänge, bei denen die Handlungen des einzelnen weniger durch eigene Vorstellungen als durch fremde, ihm irgendwie zugetragene bestimmt werden, bezeichnet man als Wirkungen großer Suggestibilität (Eppich 1921, S. 45).

„Versagende Logik" ist die Folge der Geldnutzung, sie verändert Stimmungen und Vorstellungen. Es entsteht eine eigene Dynamik des Geldes, die mehr als den aufgeprägten Wert transportiert. Die Nutzung des Geldes bedingt mehr als den Gebrauch eines Tauschmediums, sie schafft eine Währungsgemeinschaft, vereint im Zeichen des gemeinsamen Glaubenssystems. Kulturelle oder religiöse Unterschiede spielen dabei keine Rolle. Das Geld zieht in den Bann, fast außerweltlich, trotz seiner profanen Funktionen und seiner menschlichen Gemachtheit. Es wird mit Geld möglich, was gewöhnlich mit dem Begriff der „Kontingenzbewältigung" als Aufgabe von Religion besteht: Geld eröffnet Wahlmöglichkeiten in einer Situation der Unsicherheit, der Unkenntnis und der unendlichen Varianten. Es ergeben sich Handlungswege: „Alles kann anders sein, als es ist, wenn man Geld hat" (Hörisch 2013, S. 150). Prägnant bringt der Philosoph Georg Simmel diese Orientierungsfunktion in seiner *Philosophie des Geldes* bereits im Jahre 1900 auf den Punkt, wenn er dem Geld gesamthaft die Regelung der Ordnung der Dinge und ihres Verhältnisses zueinander zuschreibt:

> Dies ist die philosophische Bedeutung des Geldes: daß es innerhalb der praktischen Welt die entschiedenste Sichtbarkeit, die deutlichste Wirklichkeit der Formel des allgemeinen Seins ist, nach der die Dinge ihren Sinn aneinander finden und die Gegenseitigkeit der Verhältnisse, in denen sie schweben, ihr Sein und Sosein ausmacht (Simmel 1900, S. 136).

Die grundlegende Funktion des Tauschmediums Geld verrät, dass sich auch hier mehr hinter dem ökonomischen Instrument verbirgt, als seine technische Funktion beschreibt. Beim Geld gilt: Glauben schafft Werte.

Ziel unserer Forschungen ist es, den gerade vorgestellten Glaubensmechanismus des Geldes im Bezug auf den Markt darzustellen. Durch den Glauben an den Markt übersteigt dieser seine unmittelbare ökonomische Funktion. Ausdrücke eines solchen „Glaubens" an den Markt sind die von uns identifizierten verschiedenen Logiken, mit denen der Markt betrachtet wird.

Durch die verschiedenen Logiken erhält der Markt die Auflading des Guten, des Strafenden, bis hin zu seiner Entfaltung heute. Bis hierher hat er einen weiten Weg durch die Geistesgeschichte hinter sich gebracht. Wo kommt er her, unser Markt? Woraus hat er sich entwickelt?

2.3 Der Markt als Ort und seine Loslösung: Agora und Forum Romanum

Die griechischen Agora und das römische Forum sind Inbegriffe des topografischen Marktes. Durch ihre klare Verortung scheinen sie beispielhaft für einen Marktbegriff ohne Aufladungen, Zuschreibungen und Glaubensüberbau: einfach nur Marktplätze. Doch gerade auf diesen scheinbar reduzierten Märkten finden wir die Wurzeln der Aufladungen, die heute in ihrer vollen Entfaltung bestehen.

Die Agora im antiken Griechenland ist der zentrale Platz der Stadt, eine Institution des sozialen Miteinanders, Mittelpunkt aller Gesellschaftsbereiche. Sie ist Treffpunkt politischer Versammlungen, Verwaltungs- und Gerichtssitz und gleichzeitig immer Marktplatz. In der Umgebung der Agora wurden Geschäftsgebäude errichtet, ebenso Tempel und Altare. Die Agora war Ort für Festivitäten und künstlerische Darbietungen, ein Ort der Lehre, der Kultur und der Repräsentation (vgl. Thompson 1954, S. 9). Nach diesem Vorbild war auch das Forum Romanum mehr als ein Marktplatz, nämlich eine Begegnungsstätte von Religion, Wirtschaft und Politik, die als Platz für Händler, Geldwechsel, Juweliere und Prostituierte gleichermaßen diente. Das Forum beherbergte Privathäuser, war Hauptort religiöser Aktivität, Tempel und Senatsgebäude. Das Forum war ein Ort des Austauschs zwischen allen Sphären des Lebens. Dieser zeigt sich an den Funktionen des Tempels, der gleichermaßen religiöse und säkulare Aufgaben erfüllte. Er war religiöse Stätte, Schatzkammer, Museum und Ort politischer Treffen. Das gesamte Forum war als heiliger Ort von großer, gesellschaftlicher Bedeutung. Man hielt sich gerne an diesem religiösen Ort auf, erhoffte sich von Tausch, Handel und Aufenthalt an dieser Stelle wohlwollende Unterstützung von oben (vgl. Watkin 2009, S. 13 ff.).

Die Agora und das Forum sind in ihrer gesellschaftlichen Funktionsbreite und ökonomischen Zurückhaltung idealtypisch zu verstehen. Die Ökonomisierung des Marktes setzte bereits in der Antike ein, wo Aristoteles sie beschreibt: Der Erfolg kommerziellen Handels, die Ausdifferenzierung von Preisen und die gesellschaftliche Bedeutung des Geldes sind für den Philosophen Anzeichen einer sich verselbstständigenden Wirtschaft. Im Bild der Agora scheint die Wirtschaft in alle gesellschaftlichen Sphären integriert. Tatsächlich aber löst sie sich aus ihrem bisherigen sozialen Kontext und wird selbstständig, wandelt sich zur eigenen Sphäre – sie entbettet sich (vgl. Polanyi 2014, S. 271). Für das Bild des Marktes bedeutet dies eine auffallende Veränderung. Auf der alten Agora, auf dem alten Forum war der Händler ein Einzelaspekt des Marktgeschehens, ein Akteur, der zum Gesamtbild dieses Ortes gesellschaftlichen Austausches beitrug. Nun ist es das Ökonomische, das den Markt prägt. Der Marktplatz dient nun hauptsächlich dem Wochenmarkt, die künstlerische, religiöse und politische Begegnung tritt in den Hintergrund. Gleichzeitig entstehen ein Kunstmarkt, ein Markt der Religionen, ein Finanzmarkt. Der Markt erfüllt die sozialen Funktionen der Agora. Aber er reformuliert sie unter ökonomischen Vorzeichen.

Die von Aristoteles und Polanyi beschriebene Differenzierung der Ökonomie von anderen Lebensbereichen ist Voraussetzung für den Markt als Schwelle und die Marktvergötterung, wie wir sie später beschreiben. Ohne eine eigenständig wahrgenommene Ökonomie wäre der Markt bloß ein physischer Ort, wie er es lange in Form des Wochenmarktes war. Durch seine Entbettung übersteigt der Markt diesen physischen Ort. Er gelangt in den Bereich des Metaphysischen.

2.4 Teleologie und Marktwirtschaft

Die Eigenständigkeit der ökonomischen Sphäre wächst im weiteren Verlauf der Geschichte. Eine wichtige Rolle spielt dabei die christliche Geschichts- und Zeitauffassung *(Teleologie)*. Diese beruht auf der Überzeugung, dass die Geschichte auf einen Zweck und ein Ziel *(Telos)* hin ausgerichtet ist. Dies ist im Vergleich zum antiken Zeit- und Geschichtsverständnis neu. Das *nunc stans* („im Jetzt stehen") der Antike, von dem sich das neue Zeitkonzept abhebt, versteht sich folgendermaßen:

> Es ist reine dauernde Gegenwart, [die] kein Gestern und kein Morgen kennt, es ist der ganz erfüllte schöne Augenblick, der in sich selber ruht und verweilt, der Vergangenheit und Zukunft zu einer lebendigen Gegenwart in sich hineinschlingt. […] Geschichte ist ein überall gleich naher und überall gleich gegenwärtiger See, kein fließender Strom (Brunner 1933, S. 2 f.).

Augustin, Kirchenlehrer und Philosoph auf der Schwelle der Antike zum Mittelalter, kämpft gegen diese Zeitvorstellung an (vgl. Seele 2008). Er verdeutlicht, dass die Ewigkeit kein Teil des Diesseits sein kann. Damit legt er den Grundstein für ein Ziel der Geschichte, das in der Erreichung dieser Ewigkeit liegt, eine christliche Heilsversprechung. Dieses normative, zielgerichtete Verständnis rückt die verselbstständigte Ökonomie in ein neues Licht. In der antiken Vorstellung war der Markt ein begrenzter Austauschprozess, zeitlich und räumlich klar definiert. Ausgestattet mit einer augustinischen Heilsvorstellung erhält der Austauschprozess eine Ziel- und Heilsdimension. An den Prozess des Austausches koppelt sich ein Wachstums- und Wohlfahrtsgedanke, der in der mittelalterlichen Ökonomie noch kritisch betrachtet wird. Mit der Befreiung der Ökonomie von christlichen Einschränkungen wird dieser heilsbewährte Marktbegriff aber zum Grundpfeiler der weiteren Wirtschaftsentwicklung. Denn ein zirkuläres Geschichtsverständnis macht Investitionen schwierig: Das immer wiederkehrende Gleiche *nunc stans* bietet keinen Anreiz für das Sparen. Ein zur Erlösung hin ausgerichtetes Geschichtsverständnis hingegen befördert die kapitalistische Bereitschaft: Das Investieren, Ansammeln, Re-Investieren finden vor dem geistigen Horizont einer damit verbundenen Erlösung statt (vgl. Priddat 2013, S. 90).

Die Beschreibungen des Marktes in der ökonomischen Geistesgeschichte, denen wir im Folgenden nachgehen, bauen auf dieser Zeitvorstellung auf.

2.5 Die Geschichte des modernen Marktes

Unser Anliegen ist es, den heutigen Markt – marktwirtschaftlich, gewinnorientiert – zu verstehen. Nach Forum und Agora und dem antiken Zeitverständnis geht es nun um die Vordenker des Marktes in der weiteren Entwicklung. Wir machen einen Sprung und steigen ein im 18. Jahrhundert, Moderne und Spätaufklärung. In der Philosophie und Ökonomie dieser Zeit werden Weichen gestellt für weitere Entwicklung des Marktes und seiner Bedeutungen.

2.5.1 Die Neuzeit als Wegbereiter: Vom Rationalismus zum Renaissancehumanismus zum Utilitarismus

Um Adam Smith als Begründer der neoklassischen Ökonomie zu verstehen, richten wir den Fokus zunächst auf die Ideengeschichte mit Einsetzen der Neuzeit. War die mittelalterliche Ökonomie im Wesentlichen eine normative Behandlung der *Usus-fructus* -Debatte (Verfügungsrechte) sowie der Frage nach dem gerechten Zins und Ertrag unter dem Diktat der Institution Kirche, so bildete sich mit der Neuzeit ein neues Denken heraus, ein Denken, das das Neue zum Leitmotiv erhob. Somit wurden Wettbewerb, Ökonomie und, begünstigt durch die Seefahrt, der Handel zu starken Themen der Neuen Zeit. Hans Blumenberg hat dies in seinem monumentalen Werk *Die Legitimität der Neuzeit* den „Prozess der theoretischen Neugierde" (Blumenberg 1976) genannt. Geht man zurück zur Einführung der Zielhaftigkeit der Zeit (Teleologie) Augustins, so wird das Ziel nicht mehr im christlichen Heil verstanden, sondern in der Neuzeit wird der Mensch zum Angelpunkt. Descartes' Rationalismus und sein methodischer Zweifel sind hier die Prinzipien, die erklären können, inwieweit der Mensch kraft seiner Vernunftbegabung Motor der Entwicklung und Neuerung wird. Der Fortschritt als Denkfigur bricht sich Bahn. Dies sieht man insbesondere im

Humanismus und hier im italienischen Renaissancehumanismus. So war es etwa Leonardo Bruni, der nach langen Jahrhunderten des Vergessens die pseudoaristotelischen Bücher zur Ökonomie (Oikonomica) neu übersetzt hat, die daraufhin eine große Leserschaft fanden. Brunis Heimat Florenz spielt hier eine wichtige Rolle. Ökonomischer Fortschritt wird zur Erfolgsbedingung einer Gesellschaft. Ein Glaube an den Fortschritt als innerweltliches Ziel wird zum bestimmenden Thema. Dynastien und Staaten entstehen in Europa, die Reichtümer durch den Handel und später nicht zuletzt durch die Kolonialisierung und Ausbeutung ganzer Länder und Kontinente anhäufen.

Der Markt ist dabei eine vernünftige Größe der Gestaltung von Fortschritt und Innovation. Der Markt wird zur praktischen Größe des Rationalismus. Die Verwirklichung des Fortschrittes im Wettbewerb und Abhängigkeit davon werden zum Signum jener neuen Zeit. Die Neuzeit lebt von der kontinuierlichen und rationalen Hervorbringung und Verwertung von Neuheiten. Auf diesem intellektuellen Nährboden hat sich schließlich in England der Utilitarismus entwickelt. Insbesondere Jeremy Bentham und John Steward Mill waren es, die eine freiheitsliebende Philosophie entwickelten, bei der der Nutzen im Vordergrund steht. Benthams Formel vom Utilitarismus war ein Versprechen, zu dessen Realisierung der freie Markt das entsprechende Angebot bereithielt: das größte Glück für die größte mögliche Anzahl von Personen. War die Heilserwartung im augustinischen Verständnis noch im theologischen Sinne jenseitsbezogen, so wurde das Glück zum diesseitigen Heilsversprechen – und zwar direkt gekoppelt an den Nutzen.

Schließlich war es der schottische Moralphilosoph Adam Smith, der auf Grundlage des philosophischen Utilitarismus die Nationalökonomie begründete. Er etablierte die Prinzipien Eigennutz und Arbeitsteilung als Grundmotive der Volkswirtschaft und des Wohlstandes der Nationen.

2.5.2 Adam Smith und die unsichtbare Hand

Adam Smith (1723–1790) ist eine, wenn nicht *die* zentrale Figur in der Ideengeschichte der Ökonomie. Die Diskussionen um Funktion, Bedeutung und Aufladung des Marktes gehen bis heute maßgeblich auf diesen Schotten zurück.

Smith war Moralphilosoph und Denker des aufgeklärten Liberalismus: getragen von der Aufklärung und frei von den religiösen Einengungen des Mittelalters, die bis kurz zuvor bestanden hatten. Ziel seines Schaffens war zu klären, welche moralischen Überlegungen vor und nach ökonomischen Entscheidungen Einfluss nehmen (vgl. Höffe 2014). Entsprechend trägt sein Erstlingswerk den Titel *Eine Theorie der ethischen Gefühle* (1759). Sein zweites Werk ist, aufbauend auf den *Ethischen Gefühlen,* der Analyse der Ökonomie gewidmet: *Der Wohlstand der Nationen* (1776) ist das Grundlagenwerk der modernen Ökonomie. Smith übernimmt das Menschenbild eines tugendgeleiteten Akteurs und beschreibt, was passiert, wenn dieser Mensch wirtschaftet. Smiths Akteure sind mit Empfindung und Mitgefühl ausgestattet. Die Moral eines Akteurs ist zentrale Leitlinie seines ökonomischen Handelns (vgl. Hühn und Dierksmeier 2014, S. 6, 9). Smith bezieht die geistig-kulturellen Voraussetzungen systematisch in die ökonomische Analyse mit ein. Hier wirtschaftet nicht der auf Zahlen und Gewinn fokussierte Gierschlund, sondern ein gesellschaftlich bedingtes Subjekt.

Das ausklingende 18. Jahrhundert war neben der aufklärerischen Freiheit eine Zeit wirtschaftlichen Umbruchs. Die Erfindung des mechanischen Webstuhls und etwas später der Dampfmaschine eröffneten neue Möglichkeiten der Produktion. Waren konnten in bisher ungekanntem Umfang hergestellt werden, in bisher ungekannter Geschwindigkeit. Smith liefert mit seinen ökonomischen Schriften die intellektuelle Grundlage für diese industrielle Revolution. Er beschreibt die Spezialisierung und die Arbeitsteilung als Voraussetzungen industrialisierter Produktion. Unter technischen Gesichtspunkten ist der Markt die Plattform, auf der sich Angebot und Nachfrage treffen, sich die Effizienz der neuen Produktionsformen voll auswirkt. Der Markt trifft immer bessere Entscheidungen als das Individuum, denn auf dem Markt wird das Wissen seiner Teilnehmer kollektiviert. Gleichzeitig stellt der Markt eine optimale Verteilung des Wohlstandes sicher (vgl. Herzog 2013a, S. 32 f.). Smith steht den staatlichen Einschränkungen des Handels unter nationalen Gesichtspunkten *(Merkantilismus)* daher kritisch gegenüber.

Smiths Markt fußt auf dem eigennützigen Verhalten seiner Akteure. Dieser Eigennutz ist nicht mit Egoismus zu verwechseln. Vielmehr ist eine Selbstliebe gemeint: Der Akteur muss mit sich selbst und seinen Entscheidungen leben können und für sich selbst Sorge tragen (vgl. Hühn und Dierksmeier 2014, S. 7). Ein solchermaßen verstandener Eigennutz führt dann *nolens volens* zu gesteigertem Wohlstand – und zwar ohne es zu wollen und ohne es zu wissen (vgl. Smith 1759, S. 215 f.). Dieser Gedanke ist zentral für Smiths wohl bekanntestes Statement: *Die unsichtbare Hand.* Sie ist eine der geläufigsten Aufladungen des Marktes: Das Individuum sucht im Markt seinen Nutzen, aber die Gesamtheit der kollektiv-eigennutzorientierten Handlungen bewirkt eine unbeabsichtigte Wohlfahrtssteigerung.

In Smiths Beschreibung besteht eine wohlwollende Macht im Hintergrund, die den Mechanismus des Marktes nutzt, um Gutes zu erreichen. Smith ist befreit von der scholastischen, religiös geprägten Ökonomie des Mittelalters. Er argumentiert naturalistisch und rational für seine Handlungs- und Wirtschaftstheorie. Dennoch ist er kein Atheist: Der Glaube an eine ordnende Kraft im Hintergrund, die außerhalb der Ökonomie steht, ist präsent. Der Markt erhält eine „metaphysische Würde" (Rüstow 1942, S. 22), welche durch die eigennützigen Akteure realisiert wird. Aus diesem Eigennutz-Wohlstands-Mechanismus entsteht ein normativer Anspruch für das Wirtschaften, der im Markt seinen praktizierten Niederschlag findet (vgl. Herzog 2013a, S. 24).

Diese Praxis erhält ihre Zielvorstellung aus der augustinischen Erlösungs-Teleologie. So stellt Smith den im Wirtschaften geäußerten Willen zur Verbesserung der Lebensumstände als zielgerichteten Prozess dar – und als menschliches Grundprinzip:

> Dagegen ist der Grund, der uns zum Sparen treibt, das Verlangen, seine Lage zu verbessern, ein Verlangen, welches zwar gewöhnlich ruhig und leidenschaftslos ist, aber uns auch von der Wiege an begleitet und bis zum Tode nicht wieder verläßt (Smith 1776, S. 420 f.).

Die Heilsversprechung der von Smith postulierten Wirtschaftsorganisation besteht in der Verbesserung der Lebensumstände. Augustin stellte dem Leiden, der Armut und den Entsagungen des weltlichen Daseins die Erlösung im Jenseits gegenüber. Das Sein erhielt eine Heilsvorstellung über das Ende der weltlichen Existenz hinaus. Smith interpretiert das neue, arbeitsteilig und maschinengestützte Wirtschaftssystem als Chance, diese Erlösung ins Diesseits zu holen: Dank Markt – Erlösung jetzt (vgl. Priddat 2010, S. 31). Der Markt wird als göttliches Prinzip verstanden, aber nicht als Gott selbst. Hier liegt ein noch genauer zu ergründender Unterschied zu den späteren Aufladungen des Marktes.

Smiths Aufladung des Marktes ist voraussetzungsreich. Sie wandert auf einem Grat zwischen technisch-ökonomischer Erklärung, Moral und Religion und ist im Kontext und Gesamtwerk des Autors zu verstehen. Entsprechend viele Lesarten gibt es, die sich im Laufe der knapp 250 Jahre Smith-Rezeption herausgebildet haben. Besonders verbreitet ist, vor allem im amerikanischen Raum, die *liberale* Lesart. Die Aspekte des Eigennutzes und der folgenden Wohlfahrtssteigerung durch den Markt werden hier verabsolutiert und als Argument für eine möglichst geringe Einflussnahme des Staates gewertet. Der Appell an und die Fokussierung auf den Eigennutz werden zur Maxime der Wirtschaftswissenschaft. Aus der Smithschen Beschreibung der Ökonomie wird ein normsetzendes Rezept, mit dem theoretische Erkenntnisse in der wirtschaftlichen Praxis umgesetzt werden (vgl. Hühn und Dierksmeier 2014, S. 2). Der Markt wird überhöht und als Ausdruck göttlichen Willens der Kritik enthoben. Diese Schlussfolgerung und das Verständnis der Theorie als politisch-praktisches Programm unterscheiden die liberale von der philosophisch-kontextuellen Smith-Lesart einer unsichtbaren Hand. Ein treffliches Beispiel der Folgen dieser liberalen Interpretation sind die Äußerungen des Goldman-Sachs-Managers Lloyd Blankfein auf dem Höhepunkt der Finanzkrise 2009. In einem Interview mit der *Sunday Times* stellte er klar, dass seine Bank durch die Bereitstellung von Arbeitsplätzen und die Wertschöpfung einem „sozialen Zweck" diene. Die Referenz zur unsichtbaren Hand ist offenkundig: Das eigennützig angelegte Wirtschaften dient dem sozialen Zweck. Dann aber legt der Manager nach und offenbart das Selbstverständnis der Teilnahme an diesem Prozess: „I am just a banker doing God's work!" Der eigene Beitrag zum Wohlstand schaffenden Markt ist gottgewollt. Die Beurteilung des Wirtschaftens muss sich allein dieser Maxime stellen (vgl. Seele und Zapf 2011, S. 321).

Welcher Smith ist nun der *echte?* Welche Marktdeutung im Anschluss an den berühmten Moralphilosophen und Ökonomen hat mehr Autorität? Wir wollen diese Suche hier nicht vorantreiben. Wir betrachten stattdessen die verschiedenen, Smith-bezogenen Marktaufladungen als Vorstufe einer weiteren Entwicklung ebendieser. In beiden vorgestellten Lesarten wird eine Aufladung des Marktes beschrieben. In beiden Fällen gibt es eine wohlwollende Macht, die hinter dem Markt existiert. Unabhängig von dieser Macht ist der Markt sozial bedingt und von seinen Konstituenten und ihren kulturellen Eigenheiten abhängig. Der Markt ist keine frei schwebende Größe, kein Naturgesetz, sondern übernimmt die Aufladungen der Teilnehmer. Da Smith einen mitfühlenden, von moralischen Überzeugungen getragenen Akteur vor Augen hat, übernimmt der Markt diese Attribute. Der Markt ist mehr als die Summe seiner Akteure, aber er ist von ihnen definiert. Die unsichtbare Hand ist keine eigene Markt-Entität, sondern die Auswirkung des Marktes.

Gott und Markt sind bei Adam Smith nicht gleichgesetzt. Die Aufladung des Marktes ist durch ihre gesellschaftliche Einbettung bedingt. Anders bei den späteren Zuschreibungen, bei denen *der Markt* sich verselbstständigt hat und selbst entscheidet. Je weiter sich die rhetorischen Aufladungen dieses Marktes zu einer eigenständigen Wesenheit entwickeln, desto mehr löst sich der Markt von seinen Akteuren und nimmt diese Akteure als vergöttertes Wesen in die Zange.

2.5.3 Verhältnisbestimmungen zwischen Markt und Gesellschaft

2.5.3.1 Hegel

Smith beschreibt den Markt aus Perspektive der Ökonomie als Plattform des Austausches und effizienter Kooperations- und Kommunikationsmechanismus. Der Markt steigert das Allgemeinwohl ausgehend von seinen wirtschaftlichen Funktionen. Die gesellschaftliche Funktion und Aufladung folgt seiner ökonomischen Grundfunktion. Die Existenz dieses Marktes, seine Berechtigung und seine Auswirkungen versteht Smith als naturgegebene Mechanismen, ausgestaltet durch die teilnehmenden Menschen (vgl. Priddat 1990, S. 24 f.). Hegel (1770–1831), Philosoph des deutschen Idealismus, greift die Smithsche Idee vom marktinduzierten Allgemeinwohl auf. Aber er betrachtet den Markt als Bestandteil der bürgerlichen Gesellschaft. Dabei erfüllt der Markt nicht in erster Linie ökonomische, sondern gesellschaftliche Funktionen. Dies ist mit Hegels Verständnis gesellschaftlicher Ordnung zu erklären. Er unterscheidet zwischen drei Ebenen: der Familie, der bürgerlichen Gesellschaft und dem Staat. Die bürgerliche Gesellschaft ruht wiederum auf drei Grundpfeilern: den Bedürfnissen ihrer Mitglieder, auf dem Rechtssystem, welches Sicherheit der Person und des Eigentums bedeutet, und auf den Institutionen zur individuellen und gemeinschaftlichen Interessenvertretung, wie Polizei und Korporationen (vgl. Hegel 1821, § 157; Herzog 2013a, S. 53).[1]

Der Markt der bürgerlichen Gesellschaft dreht sich um die Bedürfnisse der Menschen. Hegels Markt reagiert auf ein *System der Bedürfnisse*, wohingegen bei Smith der Markt die Antwort auf ein *System der Produktion* ist (vgl. Priddat 1990, S. 27). Die menschlichen Bedürfnisse sind von besonderer Bedeutung für die bürgerliche Gesellschaft. Schließlich unterscheidet sich durch sie der Mensch vom Tier. Bedürfnisse können neu entstehen, von außen und innen hervorgerufen werden, sich ändern. Der Mensch ist bedürfnisoffen. Der Markt ist Ausdruck der kooperativen Befriedigung dieser Bedürfnisse und damit von gesellschaftlicher Wichtigkeit (Hegel 1821, § 190, 192; Herzog 2013a, S. 55). Die Entstehung, der Wandel und die Befriedigung der individuellen Bedürfnisse machen eine Struktur notwendig, welche sich stetig auf

---

[1] Priddat führt noch einen vierten Bereich der Hegel'schen Differenzierung der bürgerlichen Gesellschaft auf: die Finanzwissenschaft (vgl. Priddat 1990, S. 23). Diese kümmert sich um die Ordnung des Geldwesens. Sie ist im Bezug auf den Markt für uns von geringerer Bedeutung.

die veränderten Verhältnisse einstellt (vgl. Herzog 2013a, S. 54). Der Markt ist die Struktur, welche dieser Aufgabe am besten nachkommt.

Hegel sieht die Bedürfnisbefriedigung als jenen Teil der bürgerlichen Gesellschaft, der sich im Gegensatz zum Staat und seinem allgemeinen Zweck durch individuelle Interessen definiert. Der Philosoph nennt den Markt nicht beim Namen, sondern umschreibt ihn mit dem Begriff des „Bedürfnisses" und dem „Mittel" der „Arbeit", mit welchem diese „Befriedigung" finden (vgl. insb. Hegel 1821, § 190 f.). Die Arbeit wird als Instrument beschrieben, mit dem die Bedürfnisbefriedigung erreicht wird. Die Bedürfnisbefriedigung ist, mittels der Arbeit, auf den Einzelnen ausgerichtet. Und hat doch – hier scheint Smiths *unsichtbare Hand* durch – eine positive Gesamtauswirkung:

> In dieser Abhängigkeit und Gegenseitigkeit der Arbeit und der Befriedigung der Bedürfnisse schlägt die subjektive Selbstsucht in den Beitrag zur Befriedigung der Bedürfnisse aller anderen um, – in die Vermittelung des Besonderen durch das Allgemeine als dialektische Bewegung, so daß, indem jeder für sich erwirbt, produziert und genießt, er eben damit für den Genuß der Übrigen produziert und erwirbt (Hegel 1821, § 199).

Die individuelle Marktnutzung dient der Gesellschaft. Entsprechend schreibt Hegel dem Markt die Fähigkeit zu, gesamthaften Reichtum zu erzeugen. Gleichzeitig erkennt er dadurch eine Gefahr für die an die „Arbeit gebundenen Klasse" innerhalb dieser Gesellschaft (Hegel 1821, § 243). Denn die notwendige Flexibilität des Marktes, um auf die Bedürfnisse seiner Teilnehmer einzugehen, führt auf der Ebene der Arbeit zu Unsicherheit, Unstetigkeit, ständigem Wandel. Das Herausfallen aus der Arbeit bedeutet ein Herausfallen aus dem Markt. Dies betrifft neben der materiellen auch die intellektuelle Partizipation an der Gesellschaft (vgl. Herzog 2013a, S. 55). Aus dieser Erkenntnis heraus plädiert Hegel stärker als Smith für Institutionen, die den Markt begrenzen und korrigieren (vgl. Herzog 2013a, S. 56).

Die Bedürfnisoffenheit des Menschen und die eigennützige, aber kooperative Bedürfnisbefriedigung durch den Markt begreift Hegel als tragende Elemente der bürgerlichen Gesellschaft. Aber er betrachtet diesen Mechanismus nicht wie Smith als selbstregulierend und naturgegeben. Für Hegel steht fest, dass der allgemeine Wille in Form des Staates über dem aggregierten Einzelwillen des Marktes steht. Aufgabe des Staates ist es, die Marktprozesse im Zaum zu halten. Der Staat hat folglich einen höheren Status als der Markt, selbst wenn dieser in seinem Rahmen Gemeinwohl stiftet. Die Zufälligkeit des Marktes wird der Bewusstheit eines Gesellschaftsvertrages untergeordnet.

Mit dieser Verhältnisbestimmung zum Markt zeigt sich Hegel als Vertreter des Kameralismus, einer deutsche Ausprägung des Merkantilismus, geprägt durch eine wachstumsorientierte, durch staatliche Partizipation gesicherte Organisation der Wirtschaft (vgl. Priddat 1990, S. 27, 30). Trotz des zentralen Aspektes der individuellen Bedürfnisbefriedigung bleibt das Primat des Staates über den Markt erhalten.

2.5.3.2 Marx

Bei Karl Marx finden sich Hegelsche Marktdeutungen wieder. So wird der Markt als definierendes Element der bürgerlichen („bourgeoisen") Gesellschaft beschrieben, aber geht darüber hinaus.[2] Marx bezweifelt, dass sich der Markt der Politik unterordnet. Vielmehr sieht er den Markt als eine schwer zu bändigende, gnadenlose und verselbstständigte Macht. Bilder, denen wir im weiteren Verlauf der Marktaufladungen wieder begegnen werden.

Den durchschlagenden Erfolg des Marktes führt Marx in Anknüpfung an Hegel auf die Bedürfnisoffenheit des Menschen zurück. Durch sie erhält der Markt laufend Nahrung, wird zu Notwendigkeit. Marx beschreibt die Bedürfnisbefriedigung nicht wie Hegel von Seiten des Individuums, sondern konzentriert sich auf die Angebotsseite der Bedürfnisse. Bei Marx agiert der Markt selbst:

> An die Stelle der alten, durch Landeserzeugnisse befriedigten Bedürfnisse treten neue, welche die Produkte der entferntesten Länder und Klimate zu ihrer Befriedigung erheischen. An die Stelle der alten lokalen und nationalen Selbstgenügsamkeit und Abgeschlossenheit tritt ein allseitiger Verkehr, eine allseitige Abhängigkeit der Nationen voneinander (Marx und Engels 1848, S. 466).

Der globale Markt schafft sich seinen Absatz selbst. Er weckt und befriedigt Bedürfnisse, von denen der lokal begrenzte Mensch zuvor nichts ahnte. Wir haben es mit einer Grenzen sprengenden Macht des Marktes zu tun, zu

---

[2] Wir referieren zur Marx'schen Position das in Zusammenarbeit mit Friedrich Engels verfasste „Manifest der Kommunistischen Partei" (1848). Der Aufsatz war eine Auftragsarbeit des Bundes der Kommunisten und ein Aufruf zur Revolution. Im *Manifest* werden Marxens ökonomische, philosophische und politische Ideen, welche er ausführlicher vor und nach dieser Veröffentlichung ausarbeitete, knapp und unter dem Vorzeichen des Umbruches formuliert. Teile des Dokumentes sind sprichwörtlich geworden (u. a. „Ein Gespenst geht um in Europa …" und „Proletarier aller Länder, vereinigt Euch!"). Das Dokument wurde in das UNESCO Weltregister des Dokumenterbes aufgenommen (vgl. Deutsche UNESCO-Kommission 2013).

deren Agenten sich die bürgerliche Gesellschaft gemacht hat. Denn laut Marx verdankt die bürgerliche Gesellschaft ihre dominante Position im 19. Jahrhundert dem Siegeszug der Marktwirtschaft. Die marktliche, freie und private Organisation der Wirtschaft sei ein „revolutionäres Element in der zerfallenden feudalen Gesellschaft" gewesen. Der Markt[3] „drängte […] alle vom Mittelalter her überlieferten Klassen in den Hintergrund" (Marx und Engels 1848, S. 463 f.). Damit weist Marx der marktlichen und privaten Wirtschaftsorganisation den Status einer geschichtsverändernden Größe zu. Durch den Markt ist der Adel zurückgeschlagen, die Feudalgesellschaft beendet. Der Markt ist Voraussetzung und Sicherung der bürgerlichen Gesellschaftsordnung.

In Marxens Augen verlieren jene Bourgeoisen nun die Kontrolle über den Markt:

> Die bürgerlichen Produktions- und Verkehrsverhältnisse, die bürgerlichen Eigentumsverhältnisse, die moderne bürgerliche Gesellschaft, die so gewaltige Produktions- und Verkehrsmittel hervorgezaubert hat, gleicht dem Hexenmeister, der die unterirdischen Gewalten nicht mehr zu beherrschen vermag, die er heraufbeschwor. Seit Dezennien ist die Geschichte der Industrie und des Handels nur Märkte (Marx und Engels 1848, S. 467).

Sollte der Hexenmeister gedacht haben, er könne den Markt, von dem er in historischem Ausmass profitiert hat, jemals bändigen, wird er eines besseren belehrt. Zwar mag die bürgerliche Gesellschaft die Vorteile und Logiken des Marktes übernommen haben. Aber beherrschen kann sie die zugrunde liegenden, „unterirdischen Gewalten" nicht. Am Ende ist es nicht die bürgerliche Gesellschaft, sondern der Markt, der regiert. Hier findet eine Umdeutung des von Hegel festgestellten Primats des Staates über den Markt statt: Zwar ist der Markt mit der bürgerlichen Gesellschaft verwoben. Bestimmen oder von politischem Kalkül regulieren lässt er sich aber nicht.

Das ganze Ausmaß dieser Macht des Marktes wird in Marxens Rede von der „kapitalistischen Gesellschaftsordnung", die sich als Folge der Marktherrschaft etabliert, deutlich. Den Regeln des Marktes sind nicht nur die Wirtschaft (wie bei Smith) und die bürgerliche Gesellschaft (wie bei Hegel)

---

[3] Freilich hängt an der bürgerlichen Ökonomie, wie sie Marx beschreibt, mehr als der Markt und der Marktbegriff, den wir behandeln. Insbesondere das Kapital, dessen Ansammlung und Reinvestition, steht im Zentrum der Marx'schen Kritik. Wir betrachten einen Ausschnitt dieser Ökonomie. Einen Ausschnitt allerdings, der in Form des Güter- und Arbeitsmarktes eine wichtige Grundlage dieser Wirtschaftsorganisation darstellt.

unterworfen. Das gesamte Leben dreht sich um den Markt (vgl. Engels 1877, S. 190). Er ist Definiens der bürgerlichen Gesellschaft, schier unüberwindlich, denn er ist eingebrannt in das kollektive Gedächtnis der Bourgeoisie:

> Die Menschen machen ihre eigene Geschichte, aber sie machen sie nicht aus freien Stücken, […] sondern unter unmittelbar vorgefundenen, gegebenen und überlieferten Umständen […] So übersetzt der Anfänger, der eine neue Sprache erlernt hat, sie immer zurück in seine Muttersprache […] (Marx 1852, S. 115).

Die marktliche Wirtschaftsorganisation ist für Marx die Muttersprache der bürgerlichen Gesellschaft. Marx prognostiziert als Folge dieser Gesellschaftsordnung schwindende Gemeinschaft und Solidarität (vgl. Herzog 2013b, S. 8), problematisch besonders für die Arbeiter. Bereits Hegel wies auf die Gefahren durch die Schwankungen des Marktes hin. Marx konstatiert gar eine zwangsläufig ausbeuterische Konsequenz der marktlichen Gesellschaftsorganisation. Verdeutlicht wird dies in der Dichotomie zwischen den beiden „einander direkt gegenüberstehenden Klassen: Bourgeoisie und Proletariat" (Marx und Engels 1848, S. 463). Diese radikale Haltung zum Markt ist vor dem Marx'schen Horizont von Industrialisierung und Manchester-Kapitalismus zu verstehen. Marx steht einer vom Staat weitgehend unregulierten Wirtschaft gegenüber, die unter menschenunwürdigen Bedingungen produziert und verdient. Der verarmenden Arbeiterschaft steht ein kleiner Kreis wohlhabender Besitzer von Produktionsmitteln gegenüber.

Der Markt verliert in der Marx'schen Deutung die Kraft der optimalen, bedürfnisgerechten Verteilung. Diese war bei Smith als natürliche Konsequenz und bei Hegel als gesellschaftliche Funktion des Marktes beschrieben worden. Die Marx'sche Aufladung des Marktes bestätigt zwar die von Hegel festgestellte Rolle für die bürgerliche Gesellschaft. Angesichts des Verlustes des staatlichen Primates über die Ökonomie wird der Markt aber als eigenständige und problematische Macht beschrieben. Moralisches, solidarisches Handeln wird unter den Wettbewerbsbedingungen des freien Marktes verunmöglicht. Diese zwingende Konsequenz marktlicher Organisation führt Marx zu einem Schluss: In einer humanen, gerechten und sozialistischen Gesellschaft kann und darf es keinen Markt geben (vgl. Homann 1990, S. 36). Der Markt wird zugunsten der zentralen Planung ausgeschaltet: Planwirtschaft als Antwort auf die Auswüchse des freien Marktes. Mit weitreichenden Folgen, weit über die technische Änderung des Tausches hinaus.

Diese Folgen klarzustellen hat sich F.A. Hayek auf die Fahnen geschrieben.

2.5.3.3 Friedrich August von Hayek: Der Markt als soziales Phänomen und spontane Ordnung

Der Name des Ökonomen Friedrich August von Hayek (1899–1992) steht Synonym für die positiven Kräfte eines freien Marktes. Hayek argumentierte zeitlebens gegen staatliche Interventionen auf den Märkten – in seiner Sicht ein unzulässiger Übergriff auf eine perfekte Ordnung. Diese Aussage bedeutete in der zweiten Hälfte des 20. Jahrhunderts nicht nur ein wissenschaftliches, sondern ebenso ein politisches Statement. West und Ost, freie Marktwirtschaft und Planwirtschaft, standen sich unversöhnlich gegenüber. Hayek stand mit seiner Überzeugung der Macht des freien Marktes in fundamentaler Opposition zum planwirtschaftlich-sozialistischen Gesellschaftsmodell. Es verwundert daher nicht, dass wir in der Hayek'schen Marktdeutung Rückgriffe auf Smith und Hegel finden, die kritische Marktdeutung Marxens hingegen scharf zurückgewiesen wird.

Hayek betrachtet den Markt in seinen Funktionen für das Individuum. Er entwirft eine „methodologische Mikroökonomie" (Schnaas 2011, S. 6), bei der individuell ungeplante Handlungen durch den Marktmechanismus zu einer komplexen, spontanen Ordnung führen. Leitender individueller Anreiz dieses Systems ist die Überzeugung, durch das marktliche Handeln die eigene Lage zu verbessern. Dieser zurückhaltend-eigennützige Akteur erinnert an Smith. Der Marktprozess führt zu Wettbewerb und ist, wo er frei walten kann, ein universell anerkanntes und anwendbares Prinzip (vgl. Hayek 1968, S. 15). Der Markt wird als anthropologische Konstante mit allgemeiner Gültigkeit gedacht und steht, folgt man Hayeks Argumenten, damit nicht zur Disposition. Insbesondere nicht durch politische Erwägungen.

Unangreifbar ist der Markt auch aufgrund seiner Wirkung. Denn die Marktdynamik kommt zu Ergebnissen, die durch Vorschriften oder Regeln nie zu erreichen wären:

[Wettbewerb] stellt eine Art unpersönlichen Zwanges dar, der viele Individuen dazu veranlassen wird, ihr Verhalten in einer Weise zu ändern, die durch keinerlei Anweisungen oder Befehle erreicht werden könnte (Hayek 1968, S. 15).

Hayek sieht den Markt als soziales Phänomen, dem mit szientistischer Logik, politischer Regulierung und Verboten nicht geholfen ist (Schnaas 2011, S. 7). Markt und Wettbewerb sind Koordinationsmechanismen, die außerhalb politischer Steuerbarkeit stehen. Der Markt – eine weitere Überschneidung mit der Smith'schen Marktdeutung – ist ein universeller, sozial vermittelter Mechanismus, und dadurch eine natürlich gegebene Ordnung. Dieses Verständnis des Marktes als natürliche Instanz wird im nachfolgenden Zitat deutlich, in dem Hayek seine Vorbehalte gegenüber dem Sozialismus begründet:

> Ja es kann wohl gesagt werden, daß der ganze Sozialismus auf nichts anderes hinzielt als darauf, daß die Katallaxie, wie ich, um den Ausdruck Wirtschaft zu vermeiden, die Marktordnung gerne nenne, in eine echte Wirtschaft verwandelt werden soll, in der eine einheitliche Wertskala darüber entscheidet, welche Bedürfnisse befriedigt werden sollen und welche nicht (Hayek 1968, S. 7).

Eine Katallaxie ist ein menschlich geschaffener, aber unwillkürlicher Mechanismus, der kulturelles Wissen transportiert (vgl. Hoppmann 1999, S. 149). Der Markt ist für Hayek eine solche Katallaxie: eine Sozialtechnik zur Bedürfnisbefriedigung über Angebot und Nachfrage. Die Bedürfnisbefriedigung als zentrale Marktfunktion (wieder Hegel) ist dabei strukturell offen, also ebenso wenig wie der Markt selbst regulierbar. Den Markt auszuhebeln, und das versteht Hayek hier unter Sozialismus, bedeutet, den Erkundungsprozess der Bedürfnisse auszuhebeln und damit notwendigerweise die Bedürfnisse selbst festzulegen. Hier wird deutlich, dass der Markt durch den Wettbewerb seine Gegenstände selbstständig regelt:

> […] welche Güter knapp, oder welche Dinge Güter sind, oder wie knapp oder wertvoll sie sind, ist gerade einer der Umstände, die der Wettbewerb entdecken soll: es sind jeweils die vorläufigen Ergebnisse des Marktprozesses, die den einzelnen sagen, wonach zu suchen es sich lohnt. Die Nutzung des weit verstreuten Wissens in einer Gesellschaft mit fortgeschrittener Arbeitsteilung kann nicht darauf beruhen, daß die einzelnen alle die konkreten Verwendungen kennen, die von den Dingen in ihrer Umgebung gemacht werden können (Hayek 1968, S. 7).

In diesem Sinne versteht Hayek den marktlich vermittelten „Wettbewerb als Entdeckungsverfahren" – titelgebende Erkenntnis einer seiner bekanntesten Aufsätze (Hayek 1968). Die einzelnen Teilnehmer des Marktes sind *a priori* unwissend. Die Unvorhersehbarkeit des Marktgeschehens für den Einzelnen ist durch die Bedürfnisoffenheit der Teilnehmer bedingt. Die dafür notwendige Freiheit ist für Hayek Ziel des Marktes und zentrales Argument gegen die sozialistische Wirtschaftsorganisation (vgl. Hayek et al. 1988).

Durch das Entdeckungsverfahren des Marktes wird den Akteuren kollektives Wissen zugänglich. Dieses besteht in der Erkenntnis, was gefragt und notwendig ist, und vollzieht sich, indem „[…] der Markt sagt, welche

Art von Gegenständen und Leistungen verlangt werden und wie dringlich" (Hayek 1968, S. 7). Der Markt als Struktur und der Wettbewerb als Vorgang ermöglichen die Entdeckung von jenem Unbekannten, welches ohne Markt und Wettbewerb nicht planvoll angesteuert werden könnte. Die Teilnehmer des Marktes erfahren von den Erfolg versprechenden Gegenständen des Marktes und passen ihr Verhalten entsprechend an. Der Markt bringt und fügt Bruchstücke von Wissen zusammen. Gleichzeitig wird nicht nur Wissen generiert, sondern auch Fehler und Fehleinschätzungen korrigiert (vgl. Wohlgemuth 2008, S. 37). Die kollektive Entdeckung und nachfolgende Ansteuerung des Neuen führen schließlich zum Entstehen jener „[…] Ordnung, die der Markt herbeiführt […]" (Hayek 1968, S. 8).

Diese Ordnung ist spontan und ungeplant, denn sie bildet die jeweilige Nachfrage als Abbild akuter Bedürfnisse anderer Teilnehmer ab. Durch die anhaltende Wiederholung des marktlichen Handelns wird die Kontingenz dieser spontanen Ordnung überwunden (vgl. Schnaas 2011, S. 8). Sie wächst und beinhaltet dann auch Organisationen und Vereinigungen, sofern diese ein effizienteres, besseres Agieren innerhalb des Marktes ermöglichen (vgl. Hayek 1988, S. 37).

Zwei Punkte der Hayek'schen Marktdeutung sind für die weitere Beschreibung von besonderer Bedeutung.

Erstens, der Markt als universelles, soziales Phänomen, auf dem sich Angebot und Nachfrage begegnen (vgl. Vanberg 2002, S. XII). Der Markt ist eine natürlich gegebene, soziale Struktur. Mit Hayek ist er damit schwerlich außerhalb seiner sozialen Einbettung – „entkoppelt" – zu beschreiben. Die Marx'sche Beschreibung von der Marktmacht, deren Bändigung seinen Akteuren entgleitet, kann daher für den Hayek'schen Markt nicht gelten.

Zweitens, die spontane Ordnung des Marktes. Im marktlichen Wettbewerb werden durch Wissensaustausch Bedürfnisse ermittelt und befriedigt. Dies bewirkt eine spontane Ordnung, universell einsetzbar und überall gleichermaßen effizient. Diese Universalität bewirkt, dass der Marktmechanismus nicht auf die Ökonomie beschränkt bleibt. Dies zeigt sich am Begriff der Wettbewerbsgesellschaft: „Die moderne Gesellschaft ist eine Wettbewerbsgesellschaft. Ihr Kennzeichen ist es, dass […] in ausnahmslos allen […] gesellschaftlichen Funktionssystemen auf wettbewerbliche Strukturen gesetzt wird" (Pies 2001, S. 1). Zwar entkoppelt sich der Markt nicht aus seinem sozialen Kontext, es entsteht kein eigenständiges eingeschlossenes Drittes, aber der Markt entledigt sich seiner Begrenzung auf die Ökonomie. Eine Wahrnehmung, dass der Markt an bestimmten Stellen unangemessen sein könnte (vgl. Lukes 2014, S. 491 ff.), lässt sich aus Hayek'schen Markdeutung heraus nicht anstellen. Denn dies käme einer oktroyierten Bedürfnisdefinition und damit einer Einengung gleich. Die Freiheit, das Leitmotiv Hayeks, wäre nicht mehr gewährleistet. Stattdessen gilt es, im Spiel des Wettbewerbs die angemessene spontane Ordnung entstehen zu lassen. Überall.

2.5.4 Neuere Marktdeutungen: Zwischen Entgrenzung und Ethisierung

Die neuere wissenschaftliche Beschäftigung zum Thema Markt differenziert sich aus. Komplexe Modelle beschreiben die technische Dimension des Austausches, treffen Vorhersagen zur Marktentstehung, Marktentwicklung und Marktstabilität.[4] Neben den technischen, berechnenden Aspekten wird auch weiterhin die Verhältnisbestimmung zwischen Markt und Gesellschaft beforscht. Entsprechende Beschreibungen des Marktes finden sich in den Bindestrichdisziplinen der Ökonomie, in der Wirtschaftsethik, der Wirtschaftssoziologie, auch der Religionsökonomie. Hier werden Funktionen der Wirtschaft erforscht, die über den technischen Austauschprozess hinausweisen.[5]

Die solchermaßen kultur- und sozialwissenschaftlich angereicherte Marktdeutung lässt sich als Meta-Diskurs über die vorangegangenen Marktdeutungen lesen. So taucht die Frage der gesellschaftlichen Eigenständigkeit oder Einbettung des Marktes auf, verbunden mit den jeweiligen Auswirkungen auf gesellschaftliches Heil oder Unheil. Aufgearbeitet wird dies einerseits in Abgrenzung zu Markt und Ökonomisierung, andererseits durch affirmative Marktdeutungen.

Kritische Betrachtungen beanstanden mangelnde Werte innerhalb des Marktgeschehens. Entkopplung und Abstraktion des Marktes, ein Virtualisieren und Entfernen vom Menschen werden als Wurzeln des Problems beschrieben. Man erblickt einen Markt, der sich im ethischen Vakuum zu befinden scheint: Er macht, was er will.[6] Im Lichte der Geistesgeschichte der

---

[4] Vgl. z. B. die Forschung von Alvin E. Roth und Lloyd S. Sharpley (Wirtschaftsnobelpreis 2012), die sich mit der Stabilität von Allokationsmechanismen und der Entwicklung von Märkten beschäftigt (vgl. Sveriges Riksbank 2012).

[5] Die soziale Prägung des Marktes, wie sie von Smith, Hegel, Marx und Hayek konstatiert wurde, die Aufladungen und Einbettungen des Marktes, werden in die Modellbildung der Wirtschaftswissenschaft mit einbezogen. Hier wird deutlich, dass auch in der neueren Forschung das „außerkapitalistische[] Material" (Thomä 2009) des Marktes eine wichtige Rolle spielt. Die klassische Wirtschaftswissenschaft bedient sich dieser Erkenntnisse, um zu einer dichteren Beschreibung ökonomischer Handlungen zu gelangen.

[6] Einschlägig dazu sind wirtschaftsethische Studien der Kirchen, wie beispielsweise der EKD 2009 (Kirchenamt der EKD 2009) als Reaktion auf die Finanzkrise. Aber auch marxistische Beiträge kritisieren die ökonomischen Missstände und führen diese auf das System (allzu) freier, entkoppelter und dadurch wertefreier Märkte zurück (vgl. dazu die Übersicht bei Honneth 2014).

verschiedenen Marktdeutungen erinnert dieser Diskurs an die aristotelische Warnung vor der Eigendynamik einer Wirtschaft, die sich aus der Einbettung der Agora gelöst hat.

Jürgen Werner sieht über die Entbettung hinaus den Marktbegriff gar als eine Universalformel, einen Sammelbegriff gegenwärtiger Weltbeschreibung. Die Akteure unter diesem Stern des Marktes versteht er als eine „[…] Ansammlung von tauschbereiten und nutzengesteuerten Subjekten, welche die entscheidenden Aspekte des Leben über das Verhältnis von Angebot und Nachfrage aushandeln" (Werner 2014, S. 169). Werners Diagnose kritisiert die Reduktion auf die Effizienz und damit den Ausschluss jener Aspekte aus dem Leben, die vom Markt nicht umfassend abgedeckt werden können: Liebe, Selbstverwirklichung und alles, das nicht auf einem messbaren Parameter zurückgeführt werden kann.

Das Eindringen des Marktes in alle Themen des Lebens wird als Ökonomisierung, gar Ökonomismus kritisiert (Kirchgässner 2007). Der Markt ist, wenn er auf die Ordnung der Ökonomie beschränkt bleibt, ein Produkt gesellschaftlichen Lebens und diesem untergeordnet. Mit einem übergriffigen Markt kehrt sich dieses Verhältnis um. Der Markt produziert nun Gesellschaft: „Building markets is one of the most ordinary ways to produce society" (Geiger et al. 2014, S. 1). Diese Entwicklung zeigt sich in verschiedensten Bereichen des Lebens. Wir stellen nachfolgend einige Beispiele aus der Politik, der Kirche und dem studentischen Feiern vor.

So zeigt sich dieses Marktverständnis an subtil geänderten Bezeichnungen. Der Bürger wird bei mancher Behörde als „Kunde" bezeichnet, amtliche Vorgänge entsprechend von einem „Kundenservice" bearbcitet (Kreis Ostholstein 2000). Folgerichtig stellt die Hansestadt Hamburg komplett von „Bürger" auf „Kunde" um:

> Die Kundenzentren der Freien und Hansestadt Hamburg sind für Melde- und Ausweisangelegenheiten zuständig. Sie sind Bestandteil des Einwohnermeldewesens und ersetzen ‚Meldeamt', ‚Bürgeramt' und ‚Bürgerzentrum' (Politik & Verwaltung der Freien und Hansestadt Hamburg 2012).

Durch die Namensänderung wird die Passbeantragung vom bürgerschaftlichen Vorgang zum städtischen Service. Vom Bürger zum Kunden, vom Staat zum Dienstleister. Das zuvor beschriebene, von der Politik zum Markt gewechselte gesellschaftliche Primat wird hier wortgetreue Realität. Problematisch an dieser Markt-Orientierung ist der kategoriale Unterschied zwischen einem *Kunden* und einem *Bürger*. Erster definiert sich durch seinen Konsum. Letzter ist Konstituente eines demokratischen Gemeinwesens.

Bürgerrechte sind weitreichender als Kundenrechte. Und in der Regel werden Kunden nicht dazu gezwungen, bestimmte Dienstleistungen in Anspruch zu nehmen – wer zahlt schon gerne seine Steuern. Außerdem sind Sonderangebote beim Finanzamt äußerst selten zu ergattern.[7]

Indem sich die staatliche Verwaltung semantisch auf die Marktsystematik einlässt, öffnet sie sich dem Vergleich mit anderen Dienstleistern, misst sich mit ihnen auf gleicher Ebene. Obwohl dies – siehe Finanzamt – in vielen Bereichen weder logisch aufgeht noch positive Auswirkungen schafft.

Die holzschnittartige Verschreibung auf marktliche Ziele zeigt sich auch im Bereich Religion: die Studie FAKIR, Finanzanalyse Kirchen, im Auftrag des Schweizerischen Nationalfonds. Die Ausgangsfragen der Studie:

> Welcher Wert an sozialen Dienstleistungen und Angeboten steht den Ausgaben der Öffentlichkeit für die Kirchen gegenüber? Welche Angebote der Kirchen sind der Bevölkerung wichtig? Wie gross ist der Nutzen, den sie aus diesen Angeboten schöpft? Wie verhalten sich Kosten und Nutzen in einer gesamtgesellschaftlichen Betrachtung? (Marti et al. 2010, S. 2).

Kirche als Marktgegenstand, bewertet unter Kosten-Nutzen-Aspekten. Alle Leistungen der Kirchen werden *eingepreist,* in Bezug zu Kirchensteuern gesetzt, Gemeinnützigkeit und Sozialbilanzen betrachtet, am Schluss eine „tendenziell positive Bilanz" gezogen (ebd.: 12). Zum Glück für die kirchensteuerfinanzierten Institutionen. Das Fazit der Autoren: Karitative und sozialdiakonische Leistungen garantieren gesellschaftlichen Pay-off, auch wenn offengelassen wird, ob „die öffentlichen Mittel bei einer anderen Verwendung allenfalls einen noch höheren Nutzen stiften" könnten (ebd.: 53). Das ist ungefilterte Marktsystematik ohne Rücksicht auf den beschriebenen Gegenstand – der Markt als absolute Norm.

Die normierend-ethische Qualität des Marktes erreicht mit den umfassenden Möglichkeiten elektronischer Vernetzung neue Höhen. Für die Nutzer von Facebook, Google oder Apple ist es praktisch nicht mehr ersichtlich, in welcher Rolle sie sich gerade befinden, welche Rolle der Markt in ihrer Interaktion gerade spielt. Wo hört der Privatmensch auf, wo beginnt der Marktmensch? Wie die nachfolgenden Beispiele zeigen, ist dies einfach zu beantworten: Es gilt uneingeschränkt das System des Marktes.

---

[7] Bestimmte Kantone in der Schweiz bilden freilich die Ausnahme. Dort wird das Marktprinzip konsequent auf die Steuerpolitik angewendet: Steuerwettbewerb heißt hier das Stichwort. Einzelne Kantone verhandeln mit wohlhabenden Personen individuelle, teils einmalige Steuerzahlungen, damit sie ihren Wohnsitz am entsprechenden Ort nehmen.

An den klassischen Orten des Marktes ist die Rolle des Akteurs klar: Konsument und Marktteilnehmer wird man durch die physische Präsenz auf dem Wochen- oder Supermarkt. Beim Gang durch den Supermarkt lautet der Modus: Einkaufen. Beim Tablet-Surfen auf der heimischen Couch wird dieser Modus hingegen unklar. Der Besuch des Online-Warenhauses ist noch vergleichsweise deutlich. Die Informationen zum ersehnten neuen Fernseher werden als potenzieller Kunde aufgerufen. Aber schon die darauffolgende Stippvisite im sozialen Netzwerk und die anschließende E-Mail-Kommunikation verwischen die Grenzen. Der Nutzer fühlt sich als Privatmensch, ist aber faktisch Gegenstand des Marktgeschehens: Der Chat mit Freunden wird ebenso analysiert wie die *Likes,* wie lange auf verschiedenen Neuigkeiten oder Profilseiten verweilt wird und wo es als Nächstes hingeht. Entsprechend wird Werbung angezeigt, die passend erscheint (vgl. Klein 2015). Sofort nach dem Absenden einer E-Mail scannt der Suchalgorithmus des Free-Mail-Providers den Inhalt und zeigt beim nächsten Log-in ein dem Inhalt angepasstes Produkt an (vgl. Gibbs 2014). Im Namen des besten Services wirft der Markt neugierige Blicke in die Privatsphäre. Jede elektronisch getätigte Äußerung wird hinsichtlich ihres Vermarktungspotenzials untersucht. Der Nutzer, kommuniziert, liest und unterhält sich ohne Konsumabsicht, und ist doch die gesamte Zeit Gegenstand einer ausgeklügelten Vermarktungsstrategie.

Das Münchner Start-up *Partyguerilla* zieht diese im virtuellen Raum erprobte Verschleierung des Marktes in die Realität. Unter dem Motto „WG Partys für alle" kann sich der Gastgeber mit einem Konzept bewerben. Wird die Feier ausgewählt, liefern Markenhersteller kostenlos Getränke. Die Idee dahinter: Im privaten Rahmen, auf Einladung eines Bekannten wirkt eine Marke besonders positiv und glaubwürdig. Der geschützte Rahmen führt zu besonderer Markenbindung. Die Gäste wähnen sich privat, sind aber tatsächlich als Kunden beim Feiern. *Partyguerilla* sucht zielgruppengenau passende Gastgeber (bzw. lässt sich deren Bewerbungen zukommen). Ein Vertreter des Unternehmens ist dann jeweils bei den Feiern anwesend und kontrolliert, ob die Angaben stimmen, richtet die Getränke ansprechend an, legt nach usw. Das Sponsoring wird nicht verheimlicht, explizit darauf hingewiesen wird aber nicht (Partyguerilla 2013). Alle gewinnen: der Gastgeber, der sich die Markengetränke sonst nicht leisten könnte, *Partyguerilla,* die für den zielgruppengenauen Zugang ins Privatleben entlohnt werden, und natürlich die Getränkehersteller, die von einer im freundschaftlichen Rausch geformten Bindung an ihre Produkte profitieren. Eine wettbewerblich normierte WG-Feier, der absolute Markt im Zentrum studentischer Hochstimmung. Die Getränkehersteller lassen sich nicht lumpen und spendieren reichlich.

Der Markt schafft sich seine Politik, seine Kirche, seine Partys.

Befürchtet und abgelehnt wird, wenn sich der Markt entgrenzt, Einfluss nimmt und ökonomische Theorie auf den jeweiligen Bereich abfärbt. Gefordert wird, Eigenlogiken zu akzeptieren und umgekehrt den Eintrag von geistes-, kultur- und sozialwissenschaftlichen Logiken in den ökonomischen Diskurs zu ermöglichen (vgl. Dommann 2011). Hier spiegelt sich die Marx'sche Deutung des verselbstständigten Marktes, aus dessen Klauen es sich zu befreien gilt.

Auf der anderen Seite: affirmative Marktdeutungen, gute Auswirkungen für alle Beteiligten. Diese positive Natur des Marktes und seines Wettbewerbs findet sich beispielsweise bei Amartya Sen. Hier wird die Hayek'sche Verknüpfung von freiem Markt und freiem Menschen weiterentwickelt. Sen knüpft Kooperation und gesellschaftliche Entwicklung an eine Marktorientierung, betrachtet das Bestehen eines freien Marktes als gesellschaftliches Grundrecht:

> We have good reasons to buy and sell, to exchange, and to seek lives that can flourish on the basis of transactions. To deny that freedom in general would be in itself a major failing of a society (Sen 2000, S. 112).

Mit dem Ökonomen Sen deutet sich der Kern positiver Marktdeutungen an. Die deutlichste Affirmation des freien Marktes kommt aus der Wirtschaftswissenschaft. Dies darf nicht als normative Haltung missverstanden werden. Vielmehr ist dies logische Konsequenz der paradigmatischen Ausrichtung *markt*wirtschaftlicher Wirtschaftswissenschaften. Schließlich steht der freie Markt im Zentrum dieser Wissenschaft. Die empirische Berechtigung dazu liefert das gescheiterte Gegenmodell: Das Ende der Planwirtschaft und das Scheitern des Sozialismus verfestigen die Überzeugung, dass der Markt *einfach Sinn macht*. Auch mit Blick auf das Wohlstandsniveau. Und zwar so nachhaltig, dass er als Tausch- und Allokationsmechanismus alternativlos erscheint. Die solchermaßen geschulten Akteure der Ökonomie perpetuieren diese Überzeugung in die ökonomische Praxis. Die Aufladung des Marktes und dessen Konstruktion als eigenständiges Drittes stehen damit auf einem festen Fundament.

Über seine technische Alternativlosigkeit hinaus wird der Markt zum Maßstab von Gut und Böse erkoren. Folgerichtig wird eine „Ethik des Wettbewerbs" konstatiert, welche als „Musterbeispiel für ein Konzept der ‚System-Ethik'" (Lütge 2014, S. 29) allen Teilnehmern zum Wohle gereicht. Dem Wettbewerb wird die doppelte Funktion zugeschrieben, zwischen der Leistung vieler, „die sich gegenseitig Konkurrenz machen und damit dem

Wohl aller dienen" (Lütge 2014, S. 29) und individuellem Anreiz zu vermitteln. Die Hayek'sche Forderung nach der Auflösung der Schranken des Wettbewerbs wird konzise auf ein Mehr des Wettbewerbs gebracht:

> Wettbewerb ist mehr als ein ökonomisches Konzept und ist nicht spezifisch an ökonomische Mechanismen und Märkte im engeren Sinn gebunden. Es handelt sich um einen allgemeinen Problemlösungsmechanismus, der in seiner vollen Leistungsfähigkeit gewürdigt werden sollte (Lütge 2014, S. 138).

Der Markt wird damit selbst zur Ethik, zu einer normativen und ins Gute gerichteten Handlungsanweisung mit universeller Gültigkeit.

Die neueren Marktdeutungen bauen auf den geistesgeschichtlichen Deutungen auf, Aufladungen, die auf Smith, Marx oder Hayek rekurrieren. Wenn dem Markt eine eigenständige, von gesellschaftlichen Funktionen abstrahierte Aufladung zugeschrieben wird, gehen diese allerdings über die bekannten Deutungen aus der Geistesgeschichte hinaus. Hier findet der Übergang vom Markt als Schwelle zur Marktvergötterung statt. Diese beiden Formen des Eigenständigen Dritten des Marktes vertiefen wir in den folgenden Abschnitten.

2.6 Zusammenfassung: Verhältnisbestimmungen zwischen Markt und Gesellschaft

Die Verhältnisbestimmung zwischen Markt und Gesellschaft beschäftigt die Denker seit der Antike. Die antike Agora steht zunächst als Platz der Begegnung ohne ein ausdrückliches Primat. Hier kommen Politik, Kunst und Wirtschaft zusammen (s. Abschn. 2.3). In der weiteren Entwicklung beobachten wir eine Loslösung aus dieser gesellschaftlichen Einbettung. Der Markt wird zur eigenständigen Sphäre, mit eigener Teleologie und metaphysischen Elementen. Dabei sind kritische Töne – wie die Ausführungen Marxens – nicht zu überhören. Aus dieser losgelösten Position schließlich wird der Markt zur Kraft, die gesellschaftliche Veränderungen bewirkt, stilisiert. Zuvor vom Markt losgelöste Bereiche werden nun unter seinem Vorzeichen verändert. Die Auseinandersetzung um das gesellschaftliche Primat des Marktes beginnt (s. Abschn. 2.5). Diese Verhältnisbestimmung zwischen Markt und Gesellschaft und deren Wandel werden in Abb. 2.1 verdeutlicht.

Vom Einzelaspekt gesellschaftlichen Lebens über den eigenständigen Bereich hin zum gesellschaftlichen Primat ändert sich das Verhältnis des Marktes zur Gesellschaft.

2 Ideengeschichte: Der Markt als eigenständiges Drittes

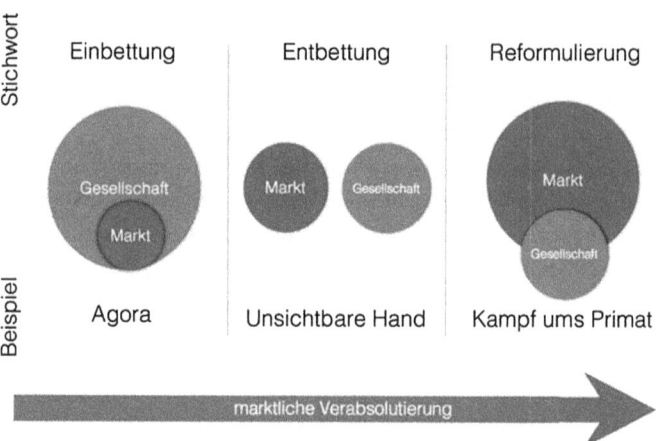

Abb. 2.1 Verhältnisbestimmungen zwischen Markt und Gesellschaft. (Eigene Abbildung)

Für die nachfolgenden Kapitel, in denen wir die Aufladungen des Marktes bis hin zu seiner Vergötterung nachzeichnen, ist diese Entwicklung maßgeblich. Je eigenständiger sich der Markt zu der ihn hervorbringenden Gesellschaft verhält, desto höher erscheint sein Potenzial zur rhetorischen Vergötterung.

Teil II

Auf den Spuren des Marktgottes: Eine Typologie

3
Das eigenständige Dritte des Marktes

Die Marktaufladungen von Smith über Hegel, Marx und Hayek zeigen die Wirkmächtigkeit, die den verschiedenen Interpretationen des Marktes innewohnen. Der Markt als rein technisch-funktionaler Koordinationsmechanismus rückt seit der Antike immer mehr in den Hintergrund. Die vorgestellten Persönlichkeiten der Geistes- und Wirtschaftsgeschichte machen mit ihren Marktaufladungen vielmehr deutlich: Zwischen Prosperität und Untergang ist der Markt zu allem fähig. Eine abwägende, relativierende Haltung zum Markt, eine Entzauberung dieses Koordinationsmechanismus zeichnet sich nicht ab.

Diese radikale Marktrhetorik setzt sich in den nachfolgenden Darstellungen fort – wobei das marktkritisch-marxistische Lager seit dem Untergang der Sowjetunion an Aufmerksamkeit eingebüßt hat. Wir haben es mit Überzeugungstätern zu tun: „Wirkliche Markt-Enthusiasten halten dies für das einzige Wirtschaftssystem, das mit politischer Freiheit und Menschenrechten völlig vereinbar ist" (Britton und Sedgwick 2008, S. 192). Die positive Wirkmächtigkeit des Marktes speist sich durch seine Wahrnehmung nicht nur als wirtschaftliche, sondern ebenso als politische, gesellschaftliche und moralische Institution.

Der Markt als Garant von Freiheit und Menschenrechten – Endpunkt einer langen Geschichte von Marktaufladungen? Keineswegs. Die Hayek'sche Positionierung des Marktes als Bollwerk gegen den Sozialismus war erst der Auftakt. Die Zuschreibungen zum Markt nehmen zu. Wie genau, klären wir in den folgenden Abschnitten, die der Typologisierung der Marktaufladungen gewidmet sind. Wir entwickeln die Typologie entlang von Aussagen, die ein eigenständiges Drittes des Marktes einräumen (vgl. Abb. 3.1).

3 Das eigenständige Dritte des Marktes

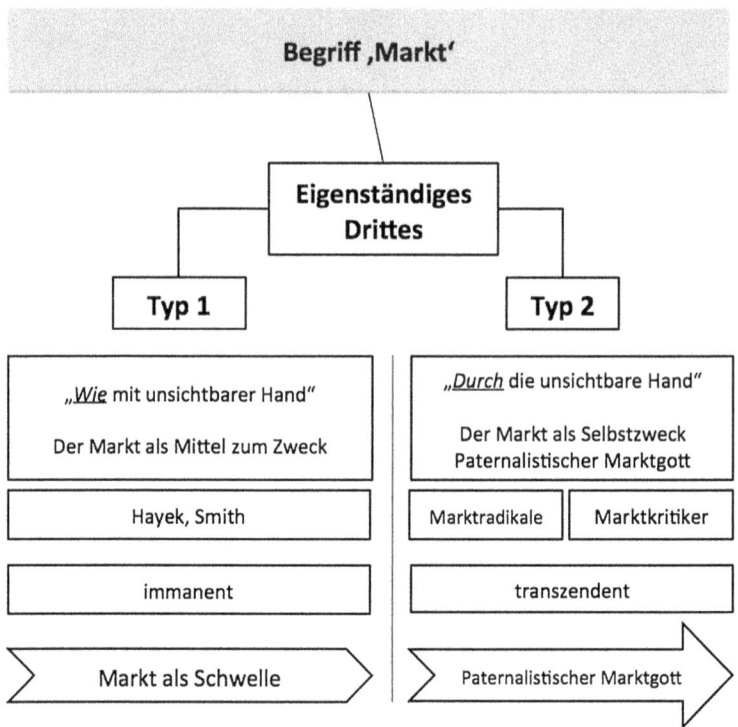

Abb. 3.1 Betrachtungslogik des eigenständigen Dritten. (Eigene Darstellung)

Das Schaubild verdeutlicht die beiden Formen eines eigenständigen Dritten des Marktes, die wir nachfolgend analysieren:

- *Typ 1: Der Markt als Schwelle:* In der Rede vom Markt wird das Bestehen eines eigenständigen Drittes eingeräumt. Dieses ist als Schwelle zu verstehen, die selbstständig zwischen den verschiedenen Marktteilnehmern besteht. Die Schwelle steht in Bezug zu den Marktteilnehmern. Der Markt ist durch sie in außermarktlichen Zusammenhängen verankert. „Schwelle" bedeutet hier, dass der Markt die Marktteilnehmer gleichermaßen verbindet wie trennt.
- *Typ 2: Marktvergötterung:* Der Markt wird als eigenständiges Drittes behauptet (wie beim Typ 1). Nur ist er nicht mehr ein eingebetteter und funktionaler Wirkmechanismus, sondern erscheint als gottähnliche Autorität, die patriarchalisch und absolutistisch herrscht. Im Gegensatz zu Typ 1 ist die Marktvergötterung von Typ 2 eine metaphysische Wesenheit, eine Gottheit mit Persönlichkeit und Charaktereigenschaften.

Bei Typ 1 verlässt der Markt nicht den weltlichen Innenraum, die Immanenz. Der Markt als Schwelle ist eigenständig, aber innerweltlich. Bei Typ 2 hingegen, der Marktvergötterung, ist der Markt transzendent. Der behauptete Marktgott geht über das Innerweltliche hinaus. Er ist eine außerweltliche Autorität, jenseits der Tür der Metaphysik.

Die metaphysische Konnotation des Marktes in seiner transzendenten Form kristallisiert sich in einem Begriff: Marktvergötterung. Der Begriff des „Marktgottes" ist Teil des Diskurses über die teils als überbordend wahrgenommene Rolle des Marktes (vgl. z. B. Meyer 2011; Barber 2011; Cox 1999). Ein Gott als etwas Unerreichbares, Ungreifbares, den Menschen Überlegenes und daher Übermenschliches, Überempirisches. Der Marktgott als gesteigerte Form des Marktabsolutismus (vgl. Honneth 2014). Diese Macht veranschaulicht die Auflading und metaphysische Natur des Marktes. Wir entleihen dem Diskurs diesen Gottesbegriff, aber wir definieren diese Gottheit nicht. Dies bleibt den Anhängern und Kritikern des Marktgottes überlassen -getreu der religionswissenschaftlichen Annahme, dass die umfassendste Beschreibung eines Gottes den Glauben an ihn voraussetzt. Wir müssen nicht an den Marktgott glauben – oder seine Existenz negieren –, um mit dem Begriff zu arbeiten. Unsere Beschreibung beschäftigt sich aus der Außenperspektive mit dem Marktgott, genauer: mit der *Vergötterung des Marktes*. Hierbei geht es weder um die Stärkung dieses Gottes noch darum, einen falschen Gott des Marktes zu identifizieren und durch den „richtigen" Gott zu ersetzen (vgl. Zapf 2014). Vielmehr verwenden wir die „Marktvergötterung" als Sammelbegriff für ein Bündel von Zuschreibungen an den Markt, das die rhetorische Personifizierung einer unpersönlichen Macht vornimmt. Dieses Element der *Zuschreibung* ist wichtig: Der Beweis der Existenz des Marktgottes (oder seine Nicht-Existenz) fällt schwer. Behauptete Vergötterungen des Marktes allerdings lassen sich leicht finden, wie die zahlreichen Zitate aus Presse, Wirtschaftskommunikation und Wissenschaft belegen.

Der Markt mit göttlichem Duktus wirft sogleich weitere Fragen auf: Wenn der Markt so mächtig ist, übernimmt er dann die gesellschaftliche Führung? Ist die Politik dem Markt übergeordnet oder beugt sich alles der Ökonomie? Die Auflading des Marktes offenbart eine Hierarchie gesellschaftlicher Teilbereiche.

Das Dritte des Marktes entsteht im Auge des Betrachters, durch die logische Brille, durch die der Markt betrachtet wird. Das Dritte des Marktes ist nicht als historische Funktion von bestimmten geschichtlichen oder gesellschaftlichen Verhältnissen abhängig. Vielmehr treten die verschiedenen Deutungen diachron auf: Die beiden Typen von Marktaufladungen können parallel festgestellt werden. Derselbe Markt beherbergt gleichzeitig beide

Formen – die Schwelle und den Absolutismus. Es liegt in der logischen Grundannahme des Betrachters, welchen Markt er erblickt. Dies gilt zumindest für gegenwärtige Marktaufladungen. In der historischen Betrachtung zeigt sich das Dritte des Marktes zumeist als Schwelle.[1] In neuerer Zeit hingegen erscheint die vergötternde Marktdeutung als dominante Aufladung mit hoher Täuschmächtigkeit. Die Marktvergötterung rekurriert auf den Markt als Schwelle, zieht die positiven Auswirkungen des Marktgeschehens als Argument für den Markt ins Feld – und geht darüber hinaus.

Um den vergötterten Markt zu verdeutlichen, haben wir verschriftlichte Beispiele und Zitate aus der Presse (z. B. *Financial Times, New York Times, The Guardian, The Times*), aus politischen und wirtschaftlichen Verlautbarungen und aus wissenschaftlichen Beiträgen gesammelt. Gesucht wurde in den Sprachen Englisch und Deutsch. Leitbegriff bei der Sammlung war der Begriff „Markt" in Verbindung mit den Begriffen „sagen", „entscheiden" und „Entscheidung", „Macht" und „absolut". Es wurden Textstellen untersucht, bei denen der Marktbegriff in Richtung eines eigenständigen Dritten erweitert wurde. Die verschiedenen Logiken der Marktbetrachtung führen zu unterschiedlichen Interpretationen zu Bedeutung, Charakter und die Auswirkung des Marktes. Die nachfolgenden Seiten beschreiben dies.

---

[1] Ausnahme: die kritischen Marktdeutungen von Karl Marx.

4

Typ 1: Eigenständiges Drittes: Markt als Schwelle

4.1 Erkenntnistheoretische Positionierung

Der Markt als Schwelle reicht in den Bereich des Metaphysischen – aber er ist mit der Welt, der Lebensrealität seiner Konstituenten, verbunden. Der Markt als Schwelle ist gekennzeichnet durch

- das Entstehen eines eigenständigen Dritten, das sich
- auf außerhalb des Marktes selbst bezieht.

Dieses eigenständige Dritte ist, indem es sich auf außerhalb des Marktes selbst bezieht, offen für außermarktliche Einflüsse. Wie wir sehen werden, ist dies die harmlosere Form eines eigenständigen Dritten des Marktes.

Die Abb. 4.1 verdeutlicht diesen ersten Markt-Typus im Verhältnis zu den anderen Betrachtungslogiken des Marktes, mit denen wir uns beschäftigen.

Die Logik, mit welcher der Markt beim Typ 1 des eigenständigen Dritten betrachtet wird, erblickt im Markt mehr als die vielen tauschenden und handelnden Hände. Sie macht in diesen Transaktionen einen Übergang, eine Schwelle aus, auf der aus den Händen der Marktteilnehmer eine *unsichtbare Hand* entsteht. Dieses Bild der *unsichtbaren Hand* wurde von Adam Smith geprägt:

4 Typ 1: Eigenständiges Drittes: Markt als Schwelle

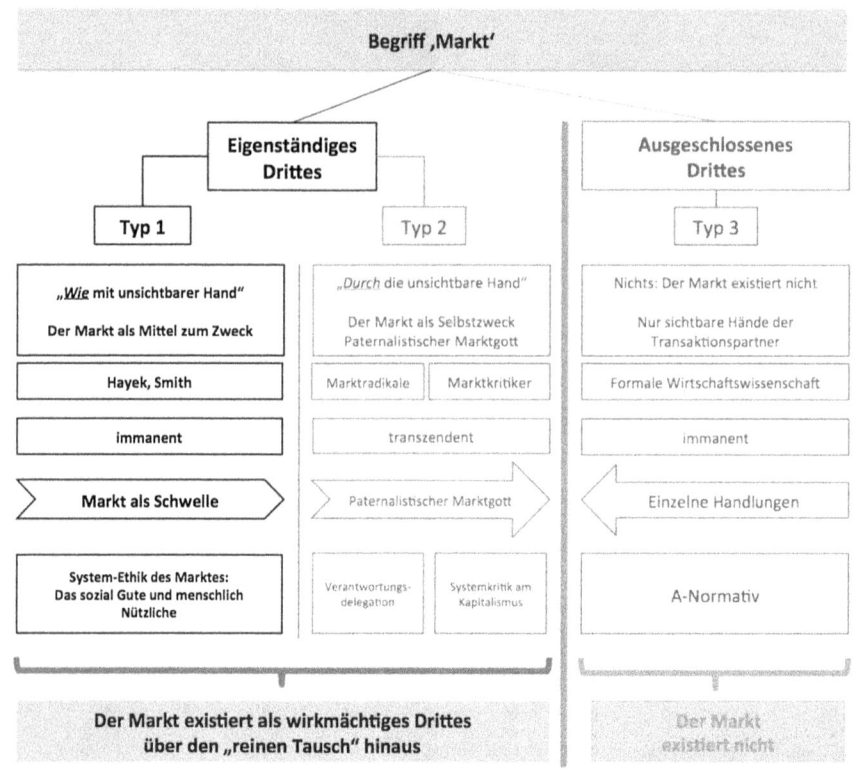

Abb. 4.1 Typ 1 im Verhältnis zu den anderen Betrachtungslogiken. (Eigene Darstellung)

Wie nun jedermann nach Kräften sucht, sein Kapital auf den inländischen Gewerbfleiß zu verwenden und diesen Gewerbfleiß so zu leiten; daß sein Produkt den größten Wert erhält, so arbeitet auch jeder notwendig dahin, das jährliche Einkommen der Nation so groß zu machen, als er kann. Allerdings ist es in der Regel weder sein Streben, das allgemeine Wohl zu fördern, noch weiß er auch, wie sehr er dasselbe befördert. Indem er den einheimischen Gewerbefleiß dem fremden vorzieht, hat er nur seine eigene Sicherheit vor Augen, und indem er diesen Gewerbefleiß so leitet, daß sein Produkt den größten Wert erhalte, beabsichtigt er lediglich seinen eigenen Gewinn und wird diesen wie in vielen anderen Fällen von einer unsichtbaren Hand geleitet, daß er einen Zweck befördern muss, den er in keiner Weise vorgesetzt hatte (Smith 1776, S. 550 f.).

Die einzelnen, individuellen Markthandlungen bewirken in der Summe gesellschaftliches Wohl. Und zwar auf eine effektivere Art, als wenn dies willentlich geschähe. Jede Handlung wird mit dem Motiv eigener Sicherheit und eigenen Vorteils ausgeführt. Die Lenkung der einzelnen Handlungen durch die unsichtbare Hand und die unwillkürliche Natur des entstehenden Guten verweisen auf das eigenständige Dritte, welches in dieser Marktlogik besteht.

Beim genaueren Hinsehen zeigt sich, dass die unsichtbare Hand bei Smith nicht auf den Markt beschränkt ist. Sie lenkt das Individuum im Markt „as in many other cases". Hier wird deutlich, dass das eigenständige Dritte an eine im Hintergrund waltende Macht rückgebunden ist, deren Ziel in der Schaffung gesellschaftlichen Wohlstandes besteht. Bei Hayek führt dieses eigenständige Dritte des Marktes in Form der „spontanen Ordnung" zur optimalen Allokation von Wissen und Entstehung von Innovation. Die Schwelle des Marktes zielt hier auf den Menschen und die Befriedigung seiner Bedürfnisanlage.

Der Markt als Schwelle hat einen außerhalb des Marktes selbst liegenden Zweck. Er schafft Übermenschliches. Aber er ist nicht selbst das Übermenschliche.

4.2 Metaphysische Positionierung: Immanent

Die Sprachbilder der „unsichtbaren Hand" und der „spontanen Ordnung" führen zum Verlassen der intelligiblen und empirisch verifizierbaren Wirklichkeit. Der Markt funktioniert als autopoetisches, sich selbst erschaffendes und selbst erhaltendes System. Aber er gibt die Anbindung an unsere Welt nicht vollständig auf. Der Markt als Schwelle stellt den Bezug zum sozial Guten und menschlich Nützlichen her. Er ist bezogen auf die Welt und das Weltliche, auf eine am eigenen Leibe erfahrbare Wirklichkeit. Sie ist immanent.

4.3 Ethisch-normative Positionierung: System-Ethik

Der Markt ist Voraussetzung der Schwelle und ihrer positiven Auswirkungen. Als Garant dieser Auswirkungen erhält der Markt einen ethischen Wert. Um diese positive Wirkung entfalten zu können, wird der Wirtschaft eine Eigenlogik zugestanden: Tausch mit dem Motiv eigenen Nutzens. Die Eigenlogik anzuerkennen ist notwendig, das Marktprinzip zu akzeptieren Voraussetzung, um in den Genuss der positiven Auswirkungen zu kommen:

Das faktische Zustandekommen eines Vorteilstausches oder einer dem je privaten Vorteilskalkül entspringenden Kooperationsbereitschaft wird ‚damit' zum hinreichenden Kriterium ‚moralischer Qualität' erhoben. Kurz: Das Marktprinzip wird zum Moralprinzip (v)erklärt (Ulrich 2009, S. 219).

Diese moralische Qualität fußt auf der Überzeugung, dass der Markt Mittel ist, Verteilung so effizient wie möglich vorzunehmen. Dies wird als Voraussetzung und Garantie für die Verteilung von Chancen und damit der individuell freien Lebensgestaltung beschrieben (z. B. Homann 1990, S. 41). So wird die Moral an den Markt gekoppelt. Der Markt und der Wettbewerb als sein Vollzug werden als zusammenhängendes Paar, als System-Ethik beschrieben. Der Markt als universell anwendbarer Mechanismus mit positiven Auswirkungen:

> Wettbewerb ist mehr als ein ökonomisches Konzept und ist nicht spezifisch an ökonomische Mechanismen und Märkte im engeren Sinn gebunden. Es handelt sich um einen allgemeinen Problemlösungsmechanismus, der in seiner vollen Leistungsfähigkeit gewürdigt werden sollte (Lütge 2014, S. 138).

Dekonstruieren wir diese Argumentation, gelangen wir zu folgender Reihung: Das Marktprinzip ermöglicht den Markt als Schwelle, der Markt als Schwelle führt zu positiven Auswirkungen. Der Markt wird zum Mittel eines übergeordneten, außerhalb der Wirtschaft liegenden Zwecks. Wichtige Ergänzung im Gegensatz zur Marktvergötterung, die wir später betrachten: Das Mittel wird nicht höher gewichtet als sein Zweck, der Markt ist also seinen positiven Auswirkungen untergeordnet.

Das Mehr des Wettbewerbs, das Lütge konstatiert, entspricht genau dem Markt als Schwelle, wie wir ihn hier erforschen. Das Mehr trägt zu etwas bei, das gemeinhin als gut und erstrebenswert wahrgenommen wird: Wissensallokation, effizientes Handeln, Entstehung und Durchsetzung der jeweils besten Alternative. Der Markt wird zur Ethik und entlastet dadurch den Marktakteur von seiner Verpflichtung, selbst ethisch zu handeln. Er kann sich auf den Wirkmechanismus des Marktes verlassen und – entastet von der Ethik – seinen eigenen Nutzen verfolgen: Dem Wohle der Gesellschaft ist ebenso wie dem Wohle des Einzelnen gedient (vgl. Albach 2008, S. 10 f.).

4.4 Profil und Charakterisierung von Typ 1: Eigenständiges Drittes – Markt als Schwelle

In diesem Kapitel kommen verschiedene Akteure zu Wort, die der Aufladung des Marktes eine Stimme verleihen. Sie zeigen jene Logik, welche den Markt als Schwelle begreift, auf der ein positiv konnotiertes, eigenständiges Drittes entsteht. Wir sehen einen menschendienlichen und guten Markt – mit christlichem, gar päpstlichem Segen. Wir sehen einen Markt, der zum Wohle der Gesellschaft wirkt. Der als Bote und Garant von Freiheit, Menschenrechten und Demokratie verstanden wird.

Die christliche Marktlogik eröffnet den Reigen dieser Charakterisierung.

Im christlich-wirtschaftsethischen Kontext findet sich die Marktaufladung als Schwelle im Begriff der menschendienlichen Wirtschaft wieder. Diese steht in Opposition zu einer Wirtschaft als Selbstzweck. Eine menschendienliche Wirtschaft hingegen wird religiös akzeptiert. Es ist nicht selbstverständlich, dass sich eine Religion dem ökonomischen Treiben seiner Mitglieder positiv gegenüberstellt. Glaube, der durch Trance oder in ekstatischen Ritualen besteht und sich damit dem Innerweltlichen abwendet, ist erfolgreichem Wirtschaften nicht notwendig zuträglich. Im Christentum wird die Wirtschaft aber als eigenständiger und wertvoller Bereich des Lebens anerkannt. Dies zeigt sich beispielhaft im Siebten Gebot – „Du sollst nicht stehlen". Hier wird Privateigentum anerkannt, und zwar mit höchster Autorität. Daraus ergibt sich als wirtschaftsethische Richtlinie: „Respekt vor der Institution des Eigentums! Vergrößere deinen Nutzen nicht durch Aneignung von fremden Ressourcen!" Auf der anderen Seite gibt die Versicherung des Eigentums eine Motivation zu arbeiten. Denn man kann sich seines Verdienstes sicher sein. Der Handel, die Marktteilnahme rentiert sich damit (vgl. Homann et al. 2009, S. 49). Das Wirtschaften ist religiös integrierbare Tätigkeit – solange es nicht zum Selbstzweck wird (vgl. z. B. Pawlas 2000). Der Markt ist dabei unzweifelhafter Garant, dass aus dem individuellen Wirtschaften kollektives Wohl entsteht, und zählt in dieser christlichen Funktion selbstverständlich zur „Schöpfungsordnung" (Britton und Sedgwick 2008, S. 193). Dieser Markt stellt sicher, dass die Wirtschaft insgesamt zum Wohle der Gesellschaft gereicht.

Dieser Aspekt christlicher Marktdeutung wird über die letzten 25 Jahre eindringlich von drei aufeinanderfolgenden Päpsten angesprochen, zweimal findet das Thema Eingang in Enzykliken, die wichtigen Lehrschreiben des Heiligen Stuhls.

Zunächst bringt Papst Johannes Paul II. die Unumgänglichkeit und grundsätzlich positive Funktion des Marktes auf den Punkt. In seiner Enzyklika *Centesimus Annus* schreibt er, im Jahr 1991 noch ganz unter dem Eindruck des Mauerfalls:

> Sowohl auf nationaler Ebene der einzelnen Nationen wie auch auf jener der internationalen Beziehungen scheint der freie Markt das wirksamste Instrument für die Anlage der Ressourcen und für die beste Befriedigung der Bedürfnisse zu sein (Papst Johannes Paul II 1991, § 34).

Freilich betont er im Anschluss die Notwendigkeit der Menschendienlichkeit ebenfalls:

> Es wird vergessen, daß das Zusammenleben der Menschen weder den Markt noch den Staat zum Endziel hat. Es besitzt in sich selber einen einzigartigen Wert, dem Staat und Markt dienen sollen (Papst Johannes Paul II 1991, § 49).

In ähnlicher Weise äußert sich Benedikt XVI. zum Markt. In seiner Enzyklika *Caritas in Veritate* stellt er ebenfalls klar, dass die Katholische Kirche in ihrer Geschichte stets den Markt als Austauschmedium befürwortet habe – im Gegensatz zu zentralistischen Verteilmechanismen. Und dass sie den Marktteilnehmern seit jeher Instrumente an die Hand gebe, diesem Markt unter dem Leitgedanken der Gerechtigkeit eine Ausformung im Sinne der Katholischen Soziallehre zu geben. Benedikt richtet sich gegen ein technokratisches Marktverständnis und richtet die Aufmerksamkeit auf die Rückbindung an den Menschen:

> Es darf nicht vergessen werden, daß es den Markt nicht in einer Reinform gibt. Er erhält seine Gestalt durch die kulturellen Gegebenheiten, die ihm eine konkrete Prägung und Orientierung geben (Papst Benedikt XVI 2009, S. 26).

Benedikt spricht dem Markt eine eigene Gestalt zu, die allerdings auf seine Konstituenten verweist. Diesem Votum schließt sich einige Jahre und eine verheerende Finanz- und Wirtschaftskrise später auch Papst Franziskus an. Freilich ebenfalls unter dem Vorbehalt, dass im Zentrum des Marktes der Mensch steht:

> [...] Francis denounces, specifically, the complete rule of the market over human beings – not its existence, but its domination. [...] Francis is arguing that failing to keep humanity at the center of our economic activity was the root cause of the financial crisis (Horn 2013).

Johannes Paul II, Benedikt XVI. und Franziskus beschreiben einen Markt als Schwelle, welcher der Menschlichkeit vorbehalten bleibt, ohne den Austausch selbst infrage zu stellen. Der Markt ist mehr als reiner Allokationsmechanismus. Richtig verstanden ist er ein Instrument, das dem Menschen dient.

Dies Menschendienlichkeit des Marktes wird auch von weltlichen Autoritäten bestätigt. Nach Auffassung des Wirtschaftsethikers John Kenneth Galbraith garantiert der marktliche Austausch Souveränität – und dient dem Menschen, indem er ihn zur Eigenständigkeit befähigt:

> In der traditionellen wirtschaftswissenschaftlichen Lehre wurde der Markt mit der Konsumentensouveränität gleichgesetzt, also mit der Macht des Verbrauchers, zu entscheiden, welche Waren erzeugt, angeboten und verkauft wurden. Er, so hieß es, sei der oberste Herrscher, dem sich das produzierende Unternehmen, der Kapitalist, unterwerfen müsse (Galbraith 2007, S. 43).

Die Marktwirtschaft wird zu dem System, das dem Menschen (hier in seiner Funktion als Wirtschaftssubjekt) die größtmögliche Souveränität zugesteht. Der Markt dient dem Menschen, indem er ihn zum Herrscher der Wirtschaft macht.

Und damit hört das Empowerment des Marktes nicht auf. Denn der Markt wirkt auch politisch. Er wird im besten Hayek'schen Sinne als Bote der Freiheit verstanden. Die Marktwirtschaft im Gefolge als „einziges Wirtschaftssystem, das mit politischer Freiheit und Menschenrechten völlig vereinbar ist" (Britton und Sedgwick 2008, S. 192). Die Schwelle, die mit den Transaktionen am Markt entsteht, ist Ausdruck der menschlichen Freiheit, das einzig angemessene System für den freien Menschen, eben „Ort einer Moral der Freiheit" (Breuer et al. 2009, S. 10). So wird der Markt von Francis Fukuyama in seinem *Ende der Geschichte* zur Methode materieller Emanzipation aufgeladen. Fukuyama fragt nach der Weltordnung nach dem Ende des Sozialismus. Und versteht den siegreichen Markt als emanzipatorisches Prinzip:

> Erstens bringt die ökonomische Entwicklung dem Knecht das Konzept der Herrschaft zu Bewußtsein. Er entdeckt, daß er durch die Technologie die Natur und durch Arbeitsdisziplin und Erziehung sich selbst beherrschen kann (Fukuyama 1992, S. 284).

Bei Hayek und Fukuyama ist das eigenständige Dritte des Marktes Antagonist des Sozialismus. Der Markt verheißt Freiheit, im Gegensatz zur

Tyrannei der Planwirtschaft. Aber die Gleichsetzung von Markt und Freiheit hat diesen Antagonismus nicht nötig. Selbst gegenwärtige Charakteristiken verweisen reflexartig auf die Nachteile sozialistischer und damit planwirtschaftlicher Modelle, wenn der Markt angegriffen wird. So äußerte sich Ende 2013 der Banker Lars Seier Christensen in aller Deutlichkeit gegen die Versuchung, die Dynamik des Marktes einzuschränken: „Full blown socialism doesn't work at all, and lesser degrees of socialism restrict to a higher or lower level the creation of growth and prosperity" (Christensen 2013, S. 3). Die Schwelle des Marktes als politisches Programm – und als eine anthropologische Konstante von weltweiter Gültigkeit. Nochmals Fukuyama:

[Die] liberale Demokratie bleibt das einzige klar umrissene politische Ziel, das den unterschiedlichen Regionen und Kulturen rund um die Welt gemeinsam vor Augen steht. Außerdem haben sich liberale wirtschaftliche Prinzipien – der ‚freie Markt' – ausgebreitet, und das hat sowohl in den industriell entwickelten Ländern als auch in Ländern, die vor dem Ende des Zweiten Weltkriegs noch zur verarmten Dritten Welt gehörten, zu nie dagewesenem materiellem Wohlstand geführt. In manchen Ländern wurde die globale Entwicklung zu mehr politischer Freiheit durch eine liberale Revolution des ökonomischen Denkens vorbereitet, in anderen ging die politische Freiheit der wirtschaftlichen voraus (Fukuyama 1992, S. 14).

Was ist bei dieser Aufladung von was bedingt? Ist der Markt Voraussetzung oder Garant von Freiheit? Oder entsteht unter freien Menschen automatisch ein freier Markt, durch dessen eigenständiges Drittes sich das Versprechen der Freiheit perpetuiert?

Für manche ist diese Frage klar: Es ist der Markt, der Freiheit schafft. Die Freiheit, die auf der Schwelle des Marktes gedeiht, ist dann die Rechtfertigung, den Zwang von Marktregulierung mit individueller Einengung gleichsetzen. Oder, wie es der Leiter eines liberalen Schweizer Think-Tanks fordert, dem Markt den Friedensnobelpreis zu verleihen:

Gäbe es einen Friedensnobelpreis für Ordnungen oder Institutionen, keine hätte ihn so sehr verdient wie der freie Markt. Schon Montesquieu hatte erkannt, dass überall, wo es Handel gibt, auch sanfte Sitten herrschen. Dies gilt in einem ‚Binnenmarkt' ebenso wie auch international. Nur der freie Markt ermöglicht das friedliche gemeinsame Streben nach dem besseren Leben, ohne dem Individuum eine Vorstellung davon aufzuzwingen (Bessard 2009).

Bessard zeigt in seinem Text jene Logik des Marktes, der wir hier nachgehen: Durch den freien Austausch entsteht Freiheit. Diese Freiheit ist nicht auf den Markt reduziert, sondern wirkt für alle am Austausch beteiligten Menschen. Sie bezieht sich auf außerhalb des Marktes, weshalb diese Art der Marktaufladung nicht jener Marktvergötterung entspricht, die im folgenden Abschnitt zur Sprache kommt. Diese Form der Marktaufladung und deren Verteidigung wird als „marktliberal" bezeichnet. Marktliberal ist es, den Markt in keiner Weise zu begrenzen. „Frei" ist dieser Markt im Sinne der Abwesenheit äußerer Regeln. Dem liegt die Überzeugung zugrunde, die Regellosigkeit, genauer: die vollständige Selbstregulierung sei die einzige dem Markt angemessene Organisation des Austausches. Dies deutet auf eine Besonderheit der Paarung „frei" und „Markt" hin. In anderen Bezugssystemen – nehmen wir die freie Gesellschaft – lautet die Schlussfolgerung nicht: Abschaffung aller Regelungen, die das Zusammenleben betreffen! Dies wäre dann Anarchie. Stattdessen versteht sich eine „sozialliberale" Gesellschaftsordnung als Regelraum, der im besten Kant'schen Sinne der größtmöglichen Teilnehmerzahl die größtmögliche Freiheit zusichert. Diese Freiheit ist durch die Freiheit des Mitmenschen eingeschränkt, und dies wird durch äußere Regeln festgesetzt. Das eigenständige Dritte des Marktes scheint diese Art von Regelung nicht nötig zu haben. Der Markt reguliert und regelt sich, so heißt es, selbst. Er wird seiner Eigenlogik überlassen.

Bei diesem Markt als Schwelle deutet sich die Tendenz zur Verselbstständigung an. Der Freiheit stiftende Markt wird selbst zum freiheitsberechtigten Subjekt stilisiert, ein Subjekt, das sich menschlichen Regelungen entzieht. Freilich mit dem Versprechen von Wohlstand und Prosperität. Der Preis: Kontrollverlust. Dieser Grauzone zwischen dem Markt als Schwelle und einer aufziehenden Marktvergötterung gehen wir im nachfolgenden Kapitel nach.

4.5 Täuschungen und Grauzonen: Vom Markt als Schwelle zur Marktvergötterung

Bei der logischen Betrachtung des Marktes erscheint beim Typ 1 über den Austausch hinaus eine Schwelle, ein eigenständiges Drittes, das mit positiven Attributen aufgeladen wird: Menschendienlichkeit; Wohlstand; Prosperität; Freiheit. Diese Aufladungen liegen und zielen auf außerhalb des Marktes.

Damit diese Aufladungen wirken können, wird für den Markt selbst das Primat der Ökonomie akzeptiert. Für die auf der Schwelle des Tausches entstehende Aufladung gilt dies nicht. Die Dienlichkeit für den Menschen, gesellschaftliches Wohlergehen und Freiheit als Ergebnisse des Tausches weisen über den Markt hinaus. Für das eigenständige Dritte des Marktes gelten andere Primate.

So etwa das Primat der Politik, wenn es um die Entstehung von Freiheit geht, wie wir es bei den Marktdeutungen von Hayek und Fukuyama sehen. Der Markt ist Mittel zum Zweck der Freiheit. Dieses Primat ist in der Logik des Typs 1 nicht ungefährdet. Betrachten wir unter dem Aspekt von Markt und Freiheit marktliberale Interpretationen, verschwimmt die klare Zuweisung von Mittel und Zweck. Indem nicht nur der Markt, sondern auch das eigenständige Dritte seiner Eigenlogik überlassen wird, weicht das Primat der Politik auf. Die durch den Markt geschaffene Freiheit hat dann den Zweck, die Freiheit des Marktes zu sichern einschließlich der damit einhergehenden Verantwortung (Pfau und Seele 2006). Der Markt als Mittel zum Zweck des Marktes. Es entsteht die Gefahr einer Selbstzweckhaftigkeit des Marktes, die sich in nachfolgendem Plädoyer finden lässt:

> [Creeping] changes as the erosion of the welfare state, the privatization of the public sphere and increased protections for corporations go along with a moral worldview according to which the free market is the embodiment of justice […] If the operations of the free market are always moral – the concrete realization of the principle that you get no more and no less than what you deserve – then there's nothing in principle wrong with tremendous inequality […] Rejecting [this] worldview requires us to reflect on what justice really demands, rather than accepting the conventional wisdom that the market can take care of morality for us (Srinivasan 2013).

Dies ist die Forderung nach einem Markt, der externe moralische Vorstellungen akzeptiert. Mit Appellen wie diesem wird das eigenständige Dritte des Marktes im Zaum gehalten, indem es an die Gesellschaft rückgebunden wird. Hier wird der Markt als Schwelle vor der Marktvergötterung verteidigt: für die Anerkennung marktexterner Überlegungen, gegen Selbstzweckhaftigkeit.

Die Verteidigung basiert auf der Überzeugung, dass es zwischen der Ökonomie, ihrem Markt und der Gesellschaft einen scharfen Unterschied gibt. Zwei Dimensionen menschlichen Lebens, die sich zwar zum gegenseitigen Vorteil gereichen, aber getrennt bestehen. Wird diese Trennung aufgehoben, kommt es zum „clash between social values and the economic order" (Geiger et al. 2014, S. 1). Ein Kampf der Primatanwärter um die Vorherrschaft im sozialen Raum.

Nicht selten geht der Markt als Sieger vom Platz. Die Marktsystematik wird zum einzigen Bezugspunkt des Marktes und seiner Aufladungen. Es vollzieht sich der Wandel zum vergötterten Markt. Dieser Vorgang ist gut an einem Statement der deutschen Bundeskanzlerin abzulesen. Wenn Angela Merkel von einer „marktkonformen Demokratie" (Janich 2014) spricht, möchte sie die positiven Effekte des Marktes und deren Schutz durch die Politik betonen. Im Wortsinne jedoch ordnet sich die Demokratie dem Markt unter. Hier dient nicht mehr der Markt der Politik, sondern umgekehrt die Politik dem Markt. Das Primat der Politik erodiert und überlässt der Ökonomie das Feld. Der Markt herrscht.

Die Festigung dieser Herrschaft verläuft in der Überflussgesellschaft über die Betonung der positiven Auswirkungen des Marktgeschehens. So wird die ethische Aufladung eines Produktes zum Vermarktungs- und Kaufargument. „Moralische Märkte" (Stehr und Adolf 2010; Heidbrink und Seele 2010) entstehen, auf denen der Konsument durch seine Nachfrage jenes Produkt favorisiert, welches die gerade nachgefragten Werte am besten abdeckt: regenerative Energien, wassersparend gewaschene Jeans, regional angebaute Tomaten, fair gehandelter Kaffee. In diesem Markt wird mit „dem Guten" gehandelt, auf die bestmögliche Weise. Hier finden wir die doppelte Aufladung: Sowohl der Markt selbst als auch seine Produkte zeigen sich als ethisch einwandfrei.

Die Gegenstände des Marktes und der Markt selbst erhalten den Nimbus des gesellschaftlich Dienlichen. Gutes, soweit das Auge reicht. Und so schleicht sich die Marktvergötterung ein.

5

Typ 2: Eigenständiges Drittes: Marktvergötterung

5.1 Erkenntnistheoretische Positionierung

Den Typ 2 des eigenständigen Dritten bezeichnen wir als Marktvergötterung. Wie beim Typ 1, dem Markt als Schwelle, entsteht hier durch die Betrachtungslogik des Marktes

- ein eigenständiges Drittes, das sich – anders als beim Typ 1 –
- auf den Markt selbst bezieht und verabsolutiert.

Die Bezüge zu einem Außerhalb des Marktes – Gesellschaft, Freiheit, Wohlstand – rücken in den Hintergrund. Während der Typ 1, Markt als Schwelle, von Wohlwollen und einer ins Gute gerichteten Auflading zehrt, übernimmt beim Typ 2 der Markt die vollständige Kontrolle. Es gibt keine Bezugspunkte, keine orientierende Größe außerhalb des Marktes selbst. Der Markt ist Selbstzweck.

Innerhalb der Systematik unserer verschiedenen Betrachtungslogiken befinden wir uns nun im mittleren Kasten, beim Typ 2 (vgl. Abb. 5.1).

Der Markt als Schwelle räumt das Bestehen eines außerökonomischen, nicht-marktlichen Primates ein und begünstigt es: die wohlwollende Kraft im Hintergrund oder die demokratische Politik, welcher der Markt dient.

Die Marktvergötterung gibt sich mit dieser Unterordnung, mit dieser Rolle als Mittel zum Zweck, nicht zufrieden. Der Markt schafft immer noch Gutes. Aber dieses Gute ist nicht mehr das Ziel, sondern lediglich ein Beiprodukt marktlicher Systematik.

5 Typ 2: Eigenständiges Drittes: Marktvergötterung

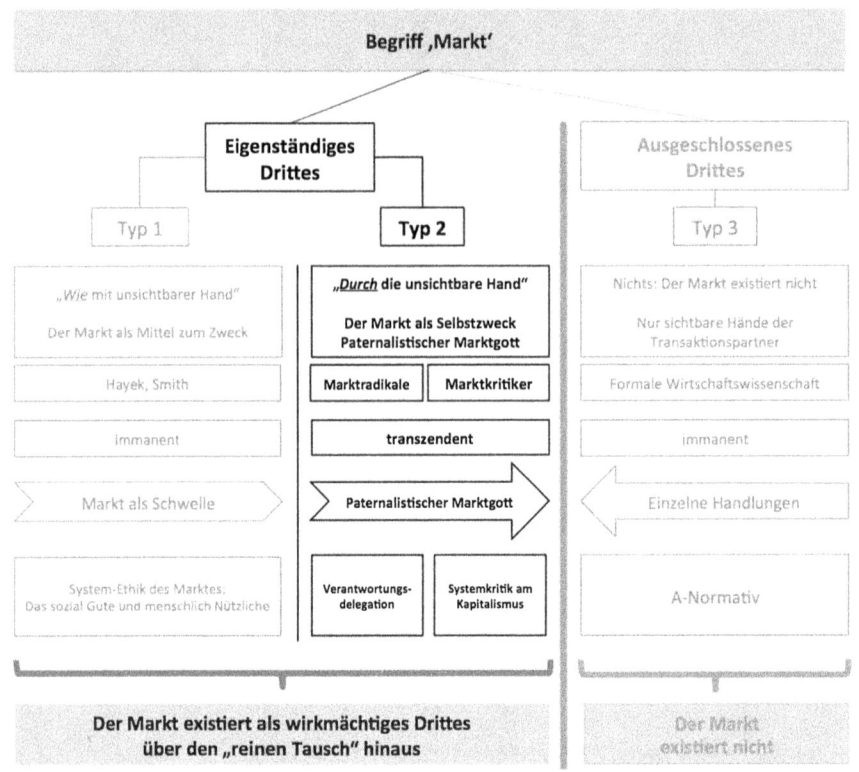

Abb. 5.1 Typ 2 im Verhältnis zu den anderen Betrachtungslogiken. (Eigene Darstellung)

Mit diesem Verständnis löst sich der Markt aus seiner Einbettung in die Gesellschaft und wird zum selbstbezogenen System. Max Weber beschrieb einst den Widerstreit zwischen den religiösen und wissenschaftlichen Weltordnungen, denen das moderne Individuum unterworfen war. Der Soziologe stellte fest:

> Die alten vielen Götter, entzaubert und daher in Gestalt unpersönlicher Mächte, entsteigen ihren Gräbern, streben nach Gewalt über unser Leben und beginnen untereinander wieder ihren ewigen Kampf. Das aber, was gerade dem modernen Menschen so schwer wird, und der jungen Generation am schwersten, ist: einem solchen Alltag gewachsen zu sein (Weber 1919, S. 502).

Weber erhebt die verschiedenen Lebensführungen zu „entzauberten Göttern", zwischen denen sich der moderne Mensch orientieren muss. Der Markt kann ein solcher Gott, eine unpersönliche Macht sein, die im Streit um die Vorherrschaft der Lebensführung steht. Beim Übergang vom Markt als Schwelle zur Marktvergötterung hat der Markt den Kampf für sich entschieden. Es ist der Wechsel eines gesellschaftlichen Primats.

Der Wechsel des Primats[1] ist kein gewaltvoller Übergang, wie es Webers Darstellungen vermuten lassen. Der Wechsel erfolgt subtiler, indem der Markt andere gesellschaftliche Teilsysteme und deren Entwicklung von sich abhängig macht. In den Rettungspaketen der Nach-Finanzkrisenjahre zeigt sich das Marktprimat anschaulich. Das Schlagwort „systemrelevant" meißelt die gesellschaftsweite Abhängigkeit vom Markt in Stein. Steuergelder werden in großen Mengen in die Rettung von Banken gesteckt, alle Gesellschaftsbereiche tragen zu den Milliardensubventionen bei. Alles mit einem Ziel: Erhalt des Marktes und Wiederherstellung seiner Funktionstüchtigkeit.

Der Begriff des „Marktgehorsam" fasst diese Entwicklung zusammen. Die durch den Markt erschaffenen Zwänge und Mechanismen werden unhinterfragt bedient, perpetuieren sich dadurch und schaffen eine unumgehbare Abhängigkeit vom Markt. Der Markt steht über seinen Rahmenbedingungen und bestimmt die Ordnung (vgl. Brodbeck 2009, S. 63 f.).

Der Politik werden dadurch massiv Handlungsspielräume entzogen. Sie kann nicht proaktiv und regelnd handeln. Sie wird darauf reduziert, auf die verschiedenen Stimmungen und Zustände des Marktes zu reagieren. Indem er dem Staat Verantwortung abnimmt, wird der Finanzmarkt zum Souverän. Der Philosoph Joseph Vogl formuliert diesen Vorgang in einem Interview folgendermaßen:

> Souverän ist, wer die eigenen Risiken in Gefahren für andere verwandeln kann und sich als Gläubiger letzter Instanz platziert. Die gegenwärtige Lage zeigt ja: Marktrisiken werden nach unten durchgereicht, und politische Entscheidungsmacht wandert von gewählten Regierungen ab (Sauga und Diez 2015, S. 70).

Die Politik kann dem vergötterten Markt nur noch gehorchen. Dies geht so weit, dass manche darin eine Form der Diktatur erblicken:

> Fortan sind es die elektronischen Finanzmärkte, die die Wirtschafts-, Finanzund deshalb auch die Sozialpolitik der Länder bestimmen. Politiker jedweder

---

[1] Die soziologische Definition eines Primats beschreibt die Abhängigkeit gesellschaftlicher Teilsysteme vom neuen Leitsystem, die Anpassung der weiteren Entwicklung an das neue Leitsystem und die Vordefinition von Problemen durch das neue Leitsystem für die anderen gesellschaftlichen Teilsysteme (vgl. Kühl 2004, S. 51).

Couleur dürfen nur eine Politik verfolgen: die der Finanzmärkte. Dabei handelt es sich um eine Form der Diktatur (Chesney 2014, S. 31).

Die finanzmarktinduzierten Abhängigkeiten mögen ein neueres Phänomen sein. Das Primat des Marktes an sich ist aber keine neue Entwicklung. Es ist als gesellschaftsanalytische Annahme bereits länger im Einsatz. Karl Marx bezieht die Entwicklung der Gesellschaftsverhältnisse auf das Eigentum der Produktionsverhältnisse. Sein historischer Materialismus sieht Geschichte als Produkt ökonomischer Zustände (Labriola 1903). Auch der Soziologe Karl Polanyi beschreibt eine bedingungslose Hinwendung zur Ökonomie: „All along the line, human society had become an accessory of the economic system" (Polanyi 2001, S. 79). Geschuldet ist dies dem Wandel von der ständischen Agrargesellschaft zur modernen und arbeitsteiligen Industriegesellschaft. In unserer Beschreibung heißt dieser Vorgang: Verwandlung vom Markt als Mittel zum Zweck zum Selbstzweck, vom Markt als Schwelle zur Marktvergötterung.

5.2 Metaphysische Positionierung: Transzendent

Die Betrachtungslogik des vergötterten Marktes verlässt, wie bereits der Markt als Schwelle, die empirisch verifizierbare Wirklichkeit.

Diese Betrachtung fügt sich in das Bild des omnipräsenten und dennoch nicht greifbaren Marktes ein. Die unsichtbare Kraft, steuernde Macht der Wirtschaft im Hintergrund. Sie ist nicht abhängig von irdischen Beschränkungen, setzt sich über Zeit und Raum hinweg, formt durch Verteilung und Planung Gegenwart und Zukunft (Seele und Zapf 2014, S. 3).

Die ontische Qualität des Marktes ist transzendent, wobei ihre Effekte höchst immanent wirken. Das eingeschlossene Dritte ist metaphysisch, keine technische Überstruktur, sondern eine kontinuierlich aus seinen Teilnehmern emergierende und sie übersteigende Größe (Geiger et al. 2014, S. 15). Einen solchermaßen verstandenen Markt beschreibt auch Hayek. Er erkennt eine Struktur, die über dem Bewusstsein angesiedelt ist („supraconscious") und aus dieser Position heraus menschliches Bewusstsein formt. Damit ist diese Überstruktur laut Hayek eine Art Regelwerk für alles Denken und Räsonieren. Eine Vorstrukturierung menschlichen Bewusstseins, ohne selbst Teil dieses Bewusstseins zu sein:

> […] there is no reason why the conscious level should be the highest level, and there are many grounds which make it probable that, in order to be

conscious, processes must be guided by a supra-conscious order which cannot be the object of its own representations (Hayek 1967, S. 61).

Diese Einlassungen wurden als Hinweis auf Hayeks übersteigertes Marktverständnis gedeutet: Der Markt als über dem Bewusstsein stehende Kraft und universelles, naturgegebenes Prinzip.

Dieses physiokratische Verständnis eines Marktes, dem der Mensch zwingend unterworfen ist (vgl. Brodbeck 2009, S. 60), widerspricht der sozialen Konstruiertheit des Marktes, die wir zu Beginn unserer Ausführungen festgestellt haben und die Teil der logischen Dekonstruktion des Marktbegriffs ist. Der Markt entfernt sich vom Menschen und wird zum metasozialen „Naturgesetz der Wirtschaft" (Ziegler 2015, S. 31), gegen das jegliche Form menschlichen Widerstandes zwecklos erscheint. Irrtum wird ebenso kategorisch ausgeschlossen wie Korrektur – der Markt ist unfehlbar (vgl. ebd.).

Die Naturgesetzlichkeit des Marktes erinnert an Adam Smiths Vorstellung des Marktes als *ordre naturel* (vgl. Rüstow 1942, S. 21). Der Markt ist für Smith das natürliche Koordinationsinstrument des Austausches, mit dem beste Ergebnisse erzielt werden, auf das die Menschen mit ihren Handlungen daher setzen und vertrauen können. Der Unterschied zwischen Hayeks und Smiths physiokratischem Marktverständnis besteht darin, dass bei Smith die natürliche und gottgewollte Ordnung des Marktes durch den Menschen mit Leben gefüllt wird, während sich in der Hayek'schen Deutung der Sachverhalt umkehrt: Die Überstruktur des Marktes bedingt und formt die menschlichen Handlungen.

Der physiokratische Markt erscheint nach Hayck als Überstruktur und damit als unumgängliche omnipräsente Grundlage mit absolutistischem Machtanspruch. Der Markt ist über dem Menschen und dem sinnlich Erfahrbaren angekommen.

5.3 Ethisch-normative Positionierung: Absolutismus

Beim Typ 1 der Marktbetrachtung entspricht die ethisch-normative Positionierung einer System-Ethik: Der Markt als Mittel zum guten Zweck. Wettbewerb und Nachfrageorientierung vor dem Hintergrund übergeordneter Motive. Beim Typ 2 wandelt sich die Betrachtung zum Markt als selbstständige normative Größe. Der Markt ist Selbstzweck, d. h. keinen anderen Interessen unterworfen oder dienend. Er ist selbstevident und somit nicht begründungspflichtig, sondern selbstverständlich. Die Normen des Marktes gelten absolutistisch, uneingeschränkt.

Der vergötterte Markt stellt sich seine übergeordneten Motive selbst bereit – in allen Gesellschaftsbereichen: Bildung muss schneller werden, Strafvollzug effizienter, Gesundheitsvorsorge diversifizierter, Erziehung zielgerichteter (vgl. weiterführend Zizek 2009, S. 144). Vor dem geistigen Auge entsteht ein mächtiges, unkontrollierbares, übermenschliches Drittes, ein gottgleicher Markt, ein Marktgott.

5.4 Profil und Charakterisierung von Typ 2: Paternalistischer Marktgott?

5.4.1 Ein Indizienprozess zum „Marktgott": Die Aussagen Dritter

Im Sinne Wittgensteins besteht die Bedeutung eines Begriffs in seiner Verwendung. Die Rede vom „Marktgott" erschafft den Marktgott. Wir zeigen im Folgenden beispielhafte Zitate dieser Zuschreibung der Göttlichkeit von Märkten aus Interviews, Artikeln und Analysen insbesondere der Wirtschaftspresse. In der rhetorischen Zuschreibung erwacht das eigenständige Dritte des Marktes zum Leben. Der Markt entwickelt seine selbstzweckhafte Gestalt, er wird zur normierenden Macht und ethisch-moralischen Größe. Der „Marktgott" selbst steht weit über allem, während seine Auswirkungen alle Teilnehmer betreffen.

In den Zitaten finden wir zwei verschiedene Marktvergötterungen. Die eine Gruppe, nennen wir sie die Anhänger des Marktvergötterung, wissen die Auflading des Marktes für sich zu nutzen. Sie stellen sich in den Schatten des Marktes und agieren darin nach eigenem Ermessen. Die andere Gruppe, nennen wir sie Marktkritiker, prangern den vergötterten Markt an. Wir widmen uns beiden Gruppen.

Die Rekonstruktion der Logik hinter diesen Marktaufladungen führen wir als Indizienprozess. Ein Indiz reicht bekanntlich nicht zur Verurteilung und so präsentieren wir Hinweise aus einem breiten Quellenkorpus der Wirtschaftspresse. Wir präsentieren Indizien, die in der Gesamtschau unsere These vom vergötterten Markt belegen sollen. Auch wenn die gewählten Belege reichlich Argumente für eine normative Betrachtung der Marktvergötterung liefern: Diese Indiziensammlung ist keine Vorverurteilung. Wir wollen ein möglichst genaues Bild vom vergötterten Markt zeichnen. Eine vorschnelle Beurteilung ist dabei nicht hilfreich. Daher ist der Blick auf den naturgewaltlichen, der Politik überlegenen und absolut gesetzten Markt zunächst deskriptiv. Besonders in der Gruppe der Anhänger einer Marktvergötterung bereitet dieses Vorhaben keine großen Probleme. Der vergötterte Markt wird eher apologetisch denn problematisierend angeführt: Die Gottesähnlichkeit des Marktes als Erklärung und Argument seiner Machtstellung. Bei den Marktkritikern wird der Markt problematisiert. Dennoch heben wir uns auch hier die Bewertung dieser Kritiker für später auf. Unsere ethische Einordnung findet im nachfolgenden Abschn. 5.5 zu den ethischen Konsequenzen der Marktvergötterung statt.

5.4.2 Beispiele in der Wirtschaftskommunikation

Wir beginnen den Indizienprozess mit Beispielen aus wirtschaftsbezogenen Kommunikationen – hauptsächlich kommen Autoren aus Tageszeitungen und Zeitschriften zu Wort. Dies sind neben Journalisten hauptsächlich Manager und Analysten, die zu einem jeweiligen Thema Stellung nehmen und ihr Handeln oder ihre Einschätzung durch den Markt als Akteur, als Gottheit, begründen und legitimieren.

Die Aufladungen des Marktes zum Typ 2 lassen sich in drei Bereiche einteilen:

1. *Der Markt als Naturgewalt und Naturgesetz.* Hier wird die Unumgänglichkeit des Marktes behauptet. Seine Regeln gelten umfassend – d. h. auch außerhalb wirtschaftlicher Zusammenhänge.
2. *Markt und Politik im Kräftemessen.* Hier wird der vergötterte Markt im Widerspiel mit der Staatsführung gezeigt. Das Aufeinandertreffen beider Bereiche mit Anspruch auf das Leitsystem lässt einen übermächtigen Markt entstehen.
3. *Der Markt als absolute Regel.* Als Konsequenz der beiden oben genannten Bereiche wird der Markt in diesem dritten Themenfeld der Indizien als selbstständige Wesenheit konstruiert, an die geglaubt wird. Der Markt begibt sich auf das Feld traditioneller Religionen.

Die angeführten Indizien weisen wiederholt zwei rhetorische Figuren auf. Durch sie wird der Marktbegriff mit einer metaphysischen Aufladung versehen. Zum einen durch *Personifizierung:* Hier werden dem abstrakten Markt menschliche Züge zuteil, er wird zur lebendigen Wesenheit, beispielsweise, wenn sich der Markt aufgrund frostiger Geldpolitik eine Erkältung zuzieht (Hanlon) oder dem „sprechenden Markt" (Krugman) zugehört werden muss.

Dieser Vermenschlichung folgt eine Überhöhung, die sich im zweiten, häufig auffindbaren Stilmittel widerspiegelt: der *Metonymie*. Hier wird dem Begriff ein übertragener Sinn zugeschrieben. Der wörtliche Sinn weicht vom beschriebenen Sinne ab und verweist auf eine zusätzliche Sinnebene. So weist etwa Hayeks Marktbegriff des „supra-conscious mechanism" auf die überempirische Natur des Marktes hin, ebenso wie die Rede Krugmans von einer „mystique" des Marktes, der die Nähe zu einer verborgenen, aber spürbaren Macht herstellt.

Durch die Analyse der rhetorischen Zuschreibungen werden die Charaktereigenschaften des vergötterten Marktes sichtbar. Wir rekonstruieren diesen Charakter und stellen am Ende der Indizienkette alltägliche Situationen vor, in denen die Marktvergötterung – mal deutlicher, mal subtiler – Form annimmt. Ein Steckbrief des vergötterten Marktes schließt das Kapitel und fasst den Charakter des Marktes kurz zusammen.

5.4.2.1 Der Markt als Naturgewalt und Naturgesetz

Der Markt ist ein sensibler Organismus, der empfindlich auf Kälte reagiert. Dies lässt sich zumindest der Aussage eines Finanzanalysten zur Änderung des Leitzinses durch die US-Amerikanische Federal Reserve entnehmen. Titel des Artikels: „If the fed sneezes will markets catch a cold?" Bei frostiger Geldpolitik besteht offenbar die Gefahr, dass sich der Markt erkältet:

> In the years since, the markets have seemingly become dependent upon these readily available funds and low interest rates [...] It's apparent that whenever the Fed has slowed its generosity, the markets have paused or corrected [...] The question is, when the Fed does raise interest rates or changes its language about interest rates (or 'sneezes') will the U.S. equity markets catch a cold – or perhaps even pneumonia? (Hanlon 2014).

Der Markt als krankheitsanfälliger Organismus ist dem natürlichen Gang einer Ansteckung unterworfen. Die Zentralbank hustet und der Markt läuft Gefahr, sich zu erkälten oder, sollte er gerade außergewöhnlich geschwächt sein, eine Lungenentzündung zu bekommen. Das marktliche Wohlergehen ist eng mit dem Agieren der Notenbank verknüpft. Die ansteckende und diesem Fall dem Markt überlegene Macht ist die staatliche Kontrolle, die Zentralbank, die den von ihr abhängigen Markt ins Krankenbett befördern kann. Diese Marktdeutung gesteht der Politik die Kontrolle über den Markt zu.

5.4 Profil und Charakterisierung von Typ 2: Paternalistischer … 63

Die Wahrnehmung des Marktes als sensibler Organismus kann auch mit anderer Konsequenz vorgenommen werden: der Markt als Teil einer unberechenbaren und unzähmbaren Macht. Deutlich wird dies in einem Meinungsartikel der New York Times von Thomas L. Friedman:

> Indeed, we are actually taunting the two most powerful and merciless forces on the planet, the market and Mother Nature, at the same time. We're essentially saying to both of them: ‚Hey, what've you got, baby? No interest rate rises? A little bitty temperature increase? That's all you've got?' I just hope we get our act together before the market and Mother Nature each show us what they've got (Friedman 2013).

„Mutter Natur" und Markt werden verknüpft, beide als „mächtigste und gnadenloseste Kräfte des Planeten" eingeführt. Der Mensch sollte es nicht wagen, sie herauszufordern – die Auswirkungen wären desaströs. Diese ruhende Macht kommt in einem weiteren Bericht der *New York Times* zur Sprache. Der Monat September wird zusammenfassend analysiert:

> 'People are unsure at this time of the year', Mr. Pavlik said. 'We're heading into October. Like September, it's another typically bad month for the market […] Some warned that the market had been calm for too long.' […] 'It's like when warm currents and cold currents converge, you get a lot of waves and turbulence' said Jack A. Ablin, chief investment officer at BMO Private Bank (Associated Press 2014).

Der Markt ist mit dem Rhythmus der Natur verbunden – und September der schwächste Monat im Jahreskreis des Marktes. In dieser Jahreszeit liegt der Markt still da, gefährlich still, bis zu jenem Punkt, an dem sich unter der Oberfläche Turbulenzen entwickeln, die plötzlich ausbrechen. Der Markt als Teil der Natur, selbst bei glatter Oberfläche mit gefährlichem Potenzial. Eine Naturgewalt, weit einflussreicher als nur ein sozial konstruierter Tauschmechanismus. Von der Notenbank ist dieser Markt in seiner Gesundheit jedenfalls nicht mehr abhängig. Die Natur als Teil und Ausdruck einer übergeordneten, außerhalb menschlichen Einflusses stehenden Macht zu betrachten, hat Tradition – *Pantheismus* lautet dieses Konzept in der Religionsforschung.

Aus der pantheistischen Betrachtung des Marktes als Naturgewalt und einflussreichem Organismus entstehen normative Implikationen. Eine davon ist besonders weitreichend: Der Markt entzieht sich der Kritik – denn er steht außerhalb des menschlichen Einflusses. Der wohl bekannteste

Vertreter dieser Einschätzung ist F. A. v. Hayek, der zeigt, dass dieser Effekt nicht nur in Kauf genommen wird, sondern zu verteidigen ist. Hayeks Einschätzung der Naturgesetzlichkeit des Marktes haben wir im Abschn. 5.2 zur metaphysischen Positionierung des Marktes bereits beleuchtet. Im Zusammenhang mit der Gerechtigkeit von Einkommensverteilung macht Hayek deutlich, dass es für den über kleines Einkommen Klagenden keine Instanz gibt, die für seine Klage zuständig wäre. Der regelnde Markt ist solcherlei Einwänden nicht zugänglich. Ebenso wenig existiert eine alternative Struktur, die solche Ungleichheiten verhindern könnte. Der Markt ist für die optimale Verteilung das einzig mögliche Instrument – die Gehaltsverteilung gehört dazu (vgl. Hayek 1982, S. 233). Sich über den Markt zu beklagen, sei ungefähr so, wie sich über das Wetter zu beklagen (vgl. Burczak 2011, S. 140 f.). Aus der Naturgesetzlichkeit des Marktes wird dessen Immunität abgeleitet.

5.4.2.2 Markt und Politik im Kräftemessen

Das Verständnis des Marktes als unantastbare Naturgewalt provoziert Widerspruch und Gegenwehr, namentlich bei der Politik. Deutlich wird der Konflikt an den Versuchen, den Markt politisch zu regeln: Es entbrennt ein Kampf um gesellschaftlichen Führungsanspruch.

Beispielhaft zeigt sich dieser Widerstreit bei Wilhelm Röpke, einem der Architekten der sozialen Marktwirtschaft. Röpke lotete in den 1940er-Jahren das Verhältnis zwischen Markt, Gesellschaft und Politik aus. Die Verhältnisse in Europa zwischen sowjetkommunistischer Planwirtschaft und kriegswirtschaftlichem Nationalsozialismus bewegten ihn zu einer grundsätzlichen Frage: Welche Rolle soll die Wirtschaft, konkret: der freie Markt im Verhältnis zu Politik und Gesellschaft spielen?

Die Darlegungen in diesem Zusammenhang waren, wie bereits bei Hayek deutlich zu sehen, auch politische Aussagen. Das klare Bekenntnis zum freien Markt wurde zum Argument gegen Kommunismus und Faschismus: der Markt als Garant für Wohlstand und eine begleitend-mäßige staatliche Regulierung zum alternativen Politikentwurf. Entsprechend konnte sich dieser *Ordoliberalismus* um Röpke, Rüstow, Müller-Armack, Eucken und Erhard nach Ende des Zweiten Weltkrieges als geistige Grundlage der Wirtschaftspolitik in Deutschland etablieren. Als *soziale Marktwirtschaft* wurde dieses Programm zur Zauberformel für den Wiederaufbau. Und enttäuschte nicht – schließlich führte es, womit wir uns wieder dem Bereich des göttlich-mystischen zuwenden, zum Wirtschafts*wunder*.

So friedlich war das Verhältnis zwischen freiem Markt und neuer Demokratie, auf dem das Wunder fußte, bei genauerer Betrachtung allerdings nicht. Dem Wunder liegen Machtkämpfe zugrunde.

Röpke spricht vom Markt als „demokratischem Herrscher", auf dessen Anweisungen zu achten ist – ansonsten drohen drastische Sanktionen:

> Die nicht-sozialistische Marktwirtschaft ist ja ein Prozeß, der sich aus unzähligen freiwilligen Wirtschaftsakten der einzelnen zusammensetzt. Der Markt regelt diese Akte und erteilt allen Beteiligten diejenigen Direktiven, die für eine Abstimmung der Produktion auf die Verbrauchswünsche der Nachfragenden sorgen. Gehorsam gegenüber den Weisungen des Marktes wird belohnt, Ungehorsam bestraft, im äußersten Falle mit Konkurs […] und wirtschaftlicher Existenzvernichtung. Sozialismus bedeutet nun […], daß der demokratische Herrscher ‚Markt' durch den autokratischen Herrscher ‚Staat' ersetzt wird […] (Röpke 1942, S. 146 f.).

Röpke sieht den Markt als „Wirtschaftsherrscher", dem der Staat – in der extremsten Form als sozialistische Planwirtschaft – keine Einschränkungen zu erteilen hat. Der Markt ist unpolitisch in dem Sinne, dass er der Politik nicht bedarf. Der Markt regelt sich selbst. Der (sozialistische) Eingriff in den Markt ist eine unzulässige „Politisierung", eine Anmaßung. In wirtschaftlichen Belangen hat die Politik nichts zu suchen. Denn es ist in der Marktwirtschaft

> […] nicht die politische Machtstellung des einzelnen […], die über den Wirtschaftsprozeß wie über den wirtschaftlichen Privaterfolg entscheidet, sondern der Markt, vor dem man sich mit einer entsprechenden Leistung auszuweisen hat (Röpke 1942, S. 171).

Wer nun eine Diktatur des Marktes aufziehen sieht, wird beruhigt. Der Markt bilde, so Röpke, die demokratischste Form gesellschaftlicher Organisation. Eine „Marktdemokratie mit geräuschloser Exaktheit":

> Der Prozeß der Marktwirtschaft ist sozusagen ein ‚plebiscite de tous les jours', in dem jedes von den Konsumenten ausgegebene Frankenstück einen Stimmzettel darstellt und die Produzenten durch ihre Reklame ‚Wahlpropaganda' für eine unabsehbare Zahl von Parteien (d. h. Gütergattungen) zu machen versuchen. Diese Demokratie der Konsumenten […] hat zwar den […] Nachteil einer sehr ungleichmäßigen Verteilung der Stimmzettel, aber auch den großen Vorteil eines vollendeten Proporzsystems: es findet keine Majorisierung der Minderheiten statt, und jeder Stimmzettel kommt zur Geltung. Wir erhalten

damit eine Marktdemokratie, die an geräuschloser Exaktheit die vollkommenste politische Demokratie übertrifft (Röpke 1942, S. 67).

In Röpkes Deutung fällt auf, dass die Akteure dem Markt Rechenschaft schuldig sind: Er erteilt „Direktiven", straft, kontrolliert Leistungen. Die Betonung der demokratischen Natur dieses Marktes scheint daher notwendig, um das Machtpotenzial in Schach zu halten und an die Akteure rückzubinden. Denn Röpke versichert trotz der autoritären Natur des Marktes: Am Ende entscheidet der Marktteilnehmer, der Marktbürger, mit seinem Geld, wer bestraft und wer belohnt. Gleichzeitig zeigt der Machtanspruch des Marktes über die Ökonomie eine Konfliktlinie um die Zuständigkeiten. Einfluss gibt niemand gerne ab.

Und so schwelt ein Konflikt zwischen Markt und Politik: Ein Katz-und-Maus-Spiel zwischen beiden Akteuren, ein gegenseitiges Belauern, wie ein Analyst der *New York Times* in einem Artikel mit der Überschrift „A Cautious Market Awaits Fed's Move on Rates" feststellt. Der Journalist fragt: „The market played it safe yesterday, but will the Fed follow suit today?" Und lässt daraufhin angesichts der staatlichen Regulierung einen Analysten feststellen: „This is a market that wants to be careful." Der Markt lauert, bleibt skeptisch, bis die Politik ihre Karten ausspielt. Überhaupt scheint der Markt auf den ersten Blick abhängiger zu sein von der politischen Regelung, als Röpke meinte. Er erscheint als sensibler Patient, wie *The Atlantic* unter dem Titel „The G-20's Words Shouldn't Sooth the Market" feststellt:

> After a two-day freefall, the U.S. stock market appeared to stabilize on Friday. We can debate about what's got the market resting a little easier, as we always do. […] Indeed, we might have seen the market express this worry this week, as it shrugged off the latest Federal Reserve action. One of two things must be the case: either the market didn't think the central bank was doing enough or it was unconvinced that additional monetary stimulus would help […] So if something has the market feeling a little bit better today, then that's great (Indiviglio 2011a).

Hier dreht sich das Machtverhältnis plötzlich um, der Markt reagiert auf den politischen Rahmen. Wieder wird der Markt als eine Gefühlen zugängliche Größe beschrieben, der sich im Wechsel mit der Politik „beruhigt", „sorgt", der „denkt", „überzeugt werden möchte", ja sogar „fühlt".

Die bisherigen Beispiele zum Kräftemessen zwischen Markt und Politik spielen in den USA. Doch es lohnt auch der Blick nach Europa. Anders als in den USA, denen traditionell eine dem Markt gegenüber wohlgesonnene

Politik unterstellt wird, wird der Markt in Europa härter an die Kandare genommen. Es wird zumindest versucht – mit unterschiedlichen Auswirkungen bis hin zum „Market freak-out", wie erneut *The Atlantic* feststellt:

> In case you haven't noticed, the stock market isn't having a great day […] Most news on the market's plunge indicates that now that the market had some time to sleep on yesterday's Federal Reserve monetary policy statement, it's very worried about the economy. As usual, the media's vast oversimplification of stock market moves got it wrong again […] So Europe's got the U.S. markets spooked (Indiviglio 2011c).

Zunächst sah es so aus, als ob der Markt nach der US-Notenbank-Entscheidung „einen schlechten Tag" hatte, verbunden mit „großen Sorgen" um die gesamte Wirtschaft. Später wurde allerdings klar, was den Markt tatsächlich aus der Fassung gebracht, sogar „erschreckt" hatte: Europa!

Aus angloamerikanischer Perspektive ist diese europäische Marktschreckung kein Einzelfall. Auch die *Financial Times* stellt fest, dass Markt und europäische Wirtschafts- und Währungspolitik miteinander ihre Probleme haben:

> Just one problem: it suggests the European Central Bank president is not achieving his objective – and that markets' fears of eurozone deflation are mounting […] Mr Ducrozet adds: 'The risk […] is that it entails a circular element in that if the market remains unconvinced that the ECB can move ahead of the [inflation] curve, then in theory it can 'force' the ECB's hand, with a sharp drop likely to push the ECB into sovereign QE' (Atkins und Jones 2014).

Auf den ersten Blick scheint die EZB den Markt zu zähmen. Bei genauerem Hinsehen aber kippt hier das Machverhältnis. Zwar „fürchtet" der Markt noch das Versagen der EZB. Aber er folgt dieser Politik nicht mehr bedingungslos, sondern muss von dieser „überzeugt" werden. Der Markt kann die EZB „zwingen", falls sie nicht liefert, er kann die Politik auf den Platz verweisen. Solange sie dem Markt dient, zeigt sich dieser anpassungsfähig. Aber seine Geduld ist begrenzt, seine Reaktion scharf. Der Markt stellt sich mächtiger dar als die Politik, die ihn ergründen und beruhigen muss und ihn letztlich doch nie ganz versteht. Selbst Parteien, die sich dezidiert den Anstrich des Wirtschaftsverständnisses geben, scheitern daran: „Free-market absolutism is killing the GOP" (Patterson 2013) schreibt der *Washington Examiner* und beschreibt die Sackgasse, in die sich die Republikanische

Partei der USA mit ihrer Forderung nach freien Märkten gebracht hat. Fazit: Diese Wirtschaftspolitik hat mehr Ungleichheit als Wohlstand produziert.

Zentralbanken, Regierungen, Gesetze, sie alle scheinen im Widerstreit mit dem Markt zu scheitern. Anders als bei den Deutungen des Marktes als Schwelle, in denen der Markt und seine Aufladungen Politik und Gesellschaft dienen, geht es diesem Markt um Machtfragen, Einfluss und gesellschaftliche Vormacht.

Dieser Antagonismus hat Auswirkungen auf die Organisation von Politik: Parteien profilieren sich, indem sie ihr Verhältnis zum Markt verdeutlichen. Die sozialistische Ablehnung, die sozialdemokratische Regulierung, die konservative Mäßigung und die liberale Deregulierung sind auf das Marktverhältnis ausgerichtete Markenzeichen von Parteien. Ohne den Markt – sei es als Gegner oder als Partner – zu thematisieren, kommt kein politischer Akteur aus.

Eine besondere Beziehung zum Markt wird der liberalen Politik nachgesagt. Als Mittler zwischen *Links* und *Rechts* ordnen sich die liberalen Parteien um den Begriff der *Freiheit*. Diese konkretisiert sich in der Skepsis gegenüber Regeln und Vorschriften, die als Einschränkung dieser Freiheit verstanden werden. Es wird angezweifelt, dass staatliche Macht zu besseren Lösungen findet als der aufgeklärte, mündige Bürger. Die Grenze zur Anarchie wird gezogen, indem der Ordnungsrahmen nicht abgeschafft, sondern kleinstmöglich gehalten wird. Der Staat hat die Funktion eines Nachtwächters, der im Hintergrund waltet und dort die öffentliche Sicherheit und Ordnung und den Schutz des Eigentums sichert, nicht viel mehr. Der Staat greift nur in das Notwendigste ein.

Das Vertreten liberaler Einstellungen beschränkt sich nicht auf die Politik, sondern wird über sie hinaus als individuelles und soziales Grundprinzip verstanden. So formuliert es der Wirtschaftswissenschaftler Ludwig von Mises:

> Liberalismus […] bezeichnet eine das ganze gesellschaftliche Leben erfassende Ideologie. Demokratie bezeichnet eine nur ein Teilgebiet der gesellschaftlichen Beziehungen – die Staatsverfassung – erfassende Ideologie (Mises 1927, S. 174 f.).

Die Grundstruktur des Liberalismus wird mit unterschiedlichen Gewichtungen in die politische Tat umgesetzt, je nachdem, welcher Ordnungsrahmen für welche Bereiche notwendig gehalten wird. Wird der Ordnungsrahmen so gewählt, dass der Markt sich praktisch vollständig selbst reguliert, so wird dies als wirtschaftsliberale Politik beschrieben.[2] Hinter einer solchen liberalen Position steht die Überzeugung, dass der Markt dann zum größten Vorteil aller funktioniert, wenn er ohne Einschränkungen verfahren kann. Keine politische Einengung soll den als optimal wahrgenommen Verteilungsmechanismus stören. Eine aufoktroyierte, menschlich-politische Ordnung kann diese Verteilung weder erreichen noch verbessern.

Als besondere Bezeichnung wirtschaftsliberaler Politik steht der Begriff *Neoliberalismus*. Zunächst war der Begriff in den 1930er-Jahren aus dem Kreis um Alexander Rüstow in die Diskussion eingebracht worden. *Neoliberalismus* bezeichnete einen dritten Weg zwischen vollständigem Marktliberalismus und kommunistischer Marktablehnung (Sauerland 2010). Heute wird der Begriff zumeist als politischer Kampfbegriff verwendet, mit dem die politische Verwirklichung der Marktdeutungen Friedrich von Hayeks und der neoklassischen Ökonomie der *Chicagoer Schule* zusammengefasst werden. Als weitere Ausbaustufe dieser Form des Wirtschaftsliberalismus, die zumeist in den USA vorzufinden ist, kann der *Libertarismus* verstanden werden. Hierbei wird der Staat grundsätzlich als Gegner wirtschaftlicher Interessen verstanden. Ökonomisch motivierter Eigennutz gilt als Grundtugend des Selbsterhalts und des persönlichen Wohlergehens (vgl. White 2005, S. 174). Getragen wird der *Libertarismus* von einem unerschütterlichen Glauben an die positiven Auswirkungen des Marktes. Dieser Markt ist – anders als bei der Marktdeutung als Schwelle, die wir weiter oben sahen – nicht mehr Mittel zum Zweck. Vielmehr ist er ein Selbstzweck, dem die Politik eine optimale Infrastruktur zu bereiten hat. Aus dieser Vorstellung heraus definiert sich in der libertären Vorstellung die Rolle des Staates in Bezug auf den Markt. In diesem Sinne äußert sich der Ökonom Otto Veit im Jahr 1954 in der Zeitschrift *Ordo* – die Politik hat dem Markt zu dienen und sein Funktionieren zu gewährleisten:

> Damit aber staatliche Macht nicht willkürlich genutzt wird, muß sie umgrenzt sein durch das Anerkenntnis einer supraempirischen Gesetzmäßigkeit, die im Naturgeschehen wurzelt und die in allem sozialethischen

---

[2] Wir vertiefen im Folgenden die wirtschaftsliberale Perspektive – stellen aber fest, dass dies nicht die einzig mögliche Ausformung liberaler Politik ist. Als zweite weitverbreitete Form ist hier mindestens noch die sozialliberale Grundausrichtung zu nennen. Hierbei stehen gesellschaftliche Fragen wie Partizipation, Gerechtigkeit, auch Friedenspolitik vor jenen der Wirtschaftspolitik. Inhaltliche Nähe finden sozialliberale Positionen zur Sozialdemokratie, stellenweise auch zu ökologisch orientierten Parteien. Gefordert wird eine radikal-demokratische, freie und fortschrittliche Politik. Deutlich wird dieses Spektrum in den verschiedenen Bezeichnungen der größten liberalen Partei der Schweiz, der FDP. In der Deutschschweiz schreibt sich diese Partei „Freisinnig-Demokratische Partei" aus, in der Westschweiz „Parti radical-démocratique suisse" und im Tessin „Partito liberale radicale svizzero".

Bemühen Ausdruck sucht – einer Gesetzmäßigkeit, die als Prinzip der Äquivalenz benannt werden kann. Ihre Sicherung im sozialen Bereich ist Sache des Rechtsstaates, der Rule of Law (Veit 1954, S. 39).

Veits „supraempirische Gesetzmäßigkeit" ist ein natürlicher Ausgleichsmechanismus, der sich in Markt und Wettbewerb entfaltet (vgl. Brodbeck 2009, S. 10). Dieser Ausgleich ist als Grundprinzip für alle den Menschen betreffenden Regelungen anzuerkennen und durch das Recht zu sichern. Der Geist des vergötterten Marktes wirkt in die Politik hinein – eine Politik, die an den Markt glaubt und sich zum Agenten dieses Glaubens macht. In der heutigen Marktrealität drängt sich dabei die Frage auf, welche Kraft zwischen Politik und Markt die Oberhand gewinnt. Nach Ansicht des Wirtschaftsethikers Peter Ulrich gibt es dazu eine klare Antwort:

> Der belohnende und strafende Finanzmarktgott entzieht […] einer autonomen Wirtschaftsordnungspolitik der einzelnen Staaten weitgehend den Boden (Ulrich 2002, S. 164).

Hier spiegelt sich die im Kap. 2 zur Ideengeschichte thematisierte Loslösung des Marktes aus seiner gesellschaftlichen Einbettung und die Übernahme einer gesellschaftlichen Leitfunktion (vgl. auch Abb. 2.1). Diese Übernahme zeigt sich am ordnungspolitischen Tagesgeschäft und in der direkten Beeinflussung des Bürgers durch Marktzwänge. Dies passiert unabhängig von der politischen Couleur – und ist selbst im stalinistischen Nordkorea sichtbar. Auch hier ist der Markt unaufhaltsam, denn ihm wird das Potenzial persönlicher Befreiung zugeschrieben: „The Market Shall Set North Korea Free" heißt es in *The International Herald Tribune*. Die Ausbreitung des Marktes in der Diktatur bricht alte Abhängigkeiten auf, ersetzt die blinde Loyalität gegenüber dem Staat mit der Teilnahme am Marktprozess:

> The social effect of the rise of the market has been extraordinary: The umbilical cord between the individual and the state has been severed. In the people's eyes, loyalty to the state has been replaced by the value of hard cash (Jin-Sung 2013).

Das stärkste Argument auf diesem Siegeszug des Marktes: Cash. Der Befreiung aus der Diktatur folgt die Unterwerfung unter den Markt. Dies geschieht ohne Gewalt, allein getragen von der Überzeugung der Akteure, durch den Markt besser dazustehen. Es herrscht neu die Möglichkeit zum freien Wirtschaften unter den Regeln des Marktes. Die Diktatur ist tot – lange lebe der Markt!

5.4 Profil und Charakterisierung von Typ 2: Paternalistischer ...

Es zeigt sich, dass das Widerspiel zwischen Markt und Politik nicht nur ordnungspolitische Themen wie Wirtschafts- und Währungspolitik betrifft, sondern tief in bürgerschaftliche Fragen eindringt. Der Markt scheint die Macht zu besitzen, eine Diktatur von innen aufzuweichen. Solche Vorgänge lassen sich freilich auch in demokratischen Gesellschaften beobachten – als abstrakterer Vorgang, wenn die Wirtschaftskrise die Politik zu marktkonformen Schritten drängt (Exenberger 1997, S. 3 f.). Oder wenn die gesamte Sozialpolitik, wie im Lemma eines großen Wirtschaftslexikons, als Mittel zur Existenzsicherung des Marktes betrachtet wird:

> Das ‚Soziale' der Sozialen Marktwirtschaft ist nicht als Ergänzungs- oder Korrekturmaßnahme, sondern als Voraussetzung von Märkten bzw. der Kennzeichnung des institutionellen Arrangements insgesamt zu verstehen; so ist Sozialpolitik nicht gegen, sondern für den Markt, d. h. als Versicherung, zu konzipieren (Suchanek et al. 2014).

Damit betrifft die im Wortsinn für die Gesellschaft zuständige *Sozial*politik eigentlich nicht mehr die Menschen, sondern dient der Aufrechterhaltung des Marktmechanismus.

Diese Übernahme demokratischer Grundfesten durch den Markt zeigt sich in einem weiteren Bereich: der Pressefreiheit. Diese schwebe, so der Ombudsmann der irischen Medien, unter den Bedingungen des Marktes in ständiger Gefahr:

> [...] To put it more bluntly, the market is also a censor of the press, a permanent, sharp but invisible limitation on the power of the press which insufficiently scrutinised, by the press itself or by anyone else. This power of the market can also be seen as undermining – often critically – the view of the press as a watchdog independent of economic interest (Greenslade 2014).

Wer eine freie Meinung haben kann und wer nicht, bestimmt der Markt – nicht journalistische Überzeugungen, Aufklärungswille, das Selbstverständnis als „fünfte Macht". Der Markt steht als regelndes Instrument der Medien über all dieses Erwägungen. Recherchiert, geschrieben und gedruckt wird das, was Umsatz bringt.

Die Einflussnahme des vergötterten Marktes geht so weit, dass der Markt als Definiens einer neuen Art des Bürgers auftritt. Dies zeigt der folgende Gedanke aus einem soziologischen Aufsatz zur europäischen Integration und den unterschiedlichen bürgerschaftlichen Tugenden zwischen Nationalstaaten und europäischer Ebene:

> Die Tugend des Staatsbürgers ist die Teilnahme an der Produktion des Gemeinwohls, die Tugend des Sozialbürgers die Unterordnung unter die staatliche Fürsorge […] Die Tugend des Marktbürgers ist dagegen die Selbständigkeit und Selbstverantwortung […] Es zeichnet sich deutlich ab, dass mit der zunehmenden Europäisierung der Zivilreligion die Tugenden des Marktbürgers in eine Vorrangstellung gelangen und die Tugenden des Staatsbürgers sowie die Tugenden des Sozialbürgers überformen […] (Münch 2006, S. 40 f.).

Während auf Ebene der Nationalstaaten die klassisch-staatsbürgerlichen Funktionen (Gemeinwohl, Soziales, Fürsorge) gleich bleiben, ist es der Marktbürger, der sich als transnationale neue Entität über Grenzen hinwegsetzt. Der Marktbürger als zeitgemäßer Bürger, als Nachfolger klassischer Staatsräson und einendes Element europäischer Integration. Der Markt hat vor der Politik das Rennen gemacht.

5.4.2.3 Der Markt als absolute Regel

Die nachfolgenden Marktdeutungen übersteigen die naturgewaltliche, libertäre Marktdeutung noch einmal. Sie setzen den Markt als absolute Regel und eigenständige Wesenheit. So sind diese Deutungen wohl jene, welche die Marktvergötterung am konsequentesten umsetzen.

Diese Marktdeutungen werden in der Forschung als „Marktfundamentalismus" zusammengefasst. Es wird zur felsenfesten Überzeugung, dass der Markt in allen Lebensbereichen organisatorisch und moralisch das überlegenste Mittel zur Organisation darstellt (vgl. Somers und Block 2005, S. 260 f.). Diese Überzeugung ist zum Mainstream angewachsen:

> Over the past twenty years, ‚market fundamentalism' has moved from the margins of debate to become the dominant policy perspective across the global economy (Somers und Block 2005, S. 260 f.).

So ist es kein Zufall, dass sich Papst Franziskus – von einer religiösen Autorität zur nächsten – dezidiert mit dem vergötterten Markt auseinandersetzt. Der Papst legt in seinem ersten apostolischen Schreiben *Evangelii gaudium* im Jahr 2013 eine eindrückliche Warnung vor:

> Die Gier nach Macht und Besitz kennt keine Grenzen. In diesem System [des Marktes], das dazu neigt, alles aufzusaugen, um den Nutzen zu steigern, ist alles Schwache wie die Umwelt wehrlos gegenüber den Interessen des vergöttlichten Marktes, die zur absoluten Regel werden (Franziskus 2013, S. 55).

5.4 Profil und Charakterisierung von Typ 2: Paternalistischer ...

Franziskus verdeutlicht die Folgen unregulierter Marktwirtschaft und beschreibt einen entfesselten Markt. Eine Über-Naturgewalt ohne Grenzen, alles verschlingend, was sich ihr in den Weg stellt. Selbst die Umwelt muss sich diesem vergötterten Markt beugen. In Franziskus' Deutung wird der Markt von einem Teil der Natur – wie im Abschn. 5.4.2.1 zum Markt als Naturgewalt – zur eigenständigen „absoluten Regel". Ein Begriff, der aus der Feder eines Papstes doppelt relevant erscheint – mit absoluten Wahrheiten und deren Verkündung kennt sich ein solcher schließlich aus.

Der Markt als absolute, unangefochtene Regel ist nicht neu, wenn auch bisher selten so direkt und publikumswirksam geäußert. Wir finden diese Überzeugung implizit schon bei Friedrich von Hayek. Dieser beschreibt den Markt im Zusammenhang mit der Frage nach der Verteilungsgerechtigkeit materieller Güter innerhalb der Gesellschaft:

> It is no different with regard to the general feeling of injustice about the distribution of material goods in a society of free men. Though we are in this case less ready to admit it, our complaints about the outcome of the market as unjust do not really assert that somebody has been unjust; and there is no answer to the question of who has been unjust. Society has simply become the new deity to which we complain and clamour for redress if it does not fulfil the expectations it has created. There is no individual and no cooperating group of people against which the sufferer would have a just complaint, and there are no conceivable rules of just individual conduct which would at the same time secure a functioning order and prevent such disappointments (Hayek 1982, S. 258).

Ungleichheiten in der marktinduzierten Verteilung haben laut Hayek keinen Schuldigen. Der Markt ist körperlos, nicht auf ein einzelnes Individuum zurückzuführen. Seine Auswirkungen sind nicht in Kategorien wie gerecht oder ungerecht zu fassen, denn sie entspringen keiner individuellen und damit moralgebundenen Handlung. Ebenso wenig könnten Individuen ein wie der Markt funktionierendes, Enttäuschungen verhinderndes Konstrukt aufbauen. Der Markt ist alternativlos, übermenschlich, übermoralisch. Die Frustration über diesen Zustand entlade sich, so Hayek, an der „Gesellschaft", die einerseits für diese Probleme herhalten muss, andererseits deren Problematisierung aber erst hervorbringe. Wenn der durch den Markt verheißene Wohlstand ausbleibt, liegt es an der unergründlichen Natur des Marktes. Das Geschehen ist nicht personifizierbar, eine Schuld nur im Metaphysischen festzumachen. Dieser Markt bietet eine Bewältigungsstrategie für sein eigenes Versagen.

Hayek bringt den Begriff der „Gottheit" in die Diskussion ein. Er stellt die vergötterte Gesellschaft, ohnmächtig gegen die faktische Macht des angeprangerten Verteilungsmechanismus, dem Markt gegenüber. Der Markt als absolute Regel steht über Individuum und Gesellschaft und deren kleinteiliger Gerechtigkeitsvorstellung.

Trotz seiner umfassenden Macht ist dieser vergötterte Markt ein niederschwelliges Glaubensangebot – und vielleicht darum so erfolgreich. Jeder Marktteilnehmer wird zum Teil dieser Gemeinschaft, zum religiösen Experten dieser mysteriösen Größe. So beschreibt es der Ökonomienobelpreisträger Paul Krugman in einem Meinungsartikel aus der *New York Times* unter der Überschrift „The Market Mystique":

> [It] has become increasingly clear over the past few days that top officials in the Obama administration are still in the grip of the market mystique. They still believe in the magic of the financial marketplace and in the prowess of the wizards who perform that magic (Krugman 2009).

Krugman legt die aktive Teilnahme der US-Regierung an der Marktmystik offen, eine Mystik, welche ihre Teilnehmer offenbar fest in den Griff nimmt. Sie überzeugt durch die Magie des Finanzplatzes, stellvertretend ausgeführt von ihren weltlichen Vertretern. Zwei Aspekte dieser Marktdeutung verdienen besondere Beachtung: zunächst die zwingende, besitzergreifende Natur dieses vergötterten Marktes. Selbst die US-Regierung, Führer der mächtigsten Demokratie der Welt, befindet sich in der Gewalt dieses Systems. Hier herrscht nicht mehr der Volkswille, sondern der absolute, mystische Marktwille – eine verborgene, außerhalb des menschlichen Einflusses liegende Macht. Dann die Existenz von „Zauberern", Agenten dieser übermenschlichen Konstellation. Diese treten als kühne Vermittler der übermenschlichen Kraft auf, sind weltliche Agenten des Marktes, die seinen Willen in die Tat umsetzen. Gemeint sind: Trader und andere Akteure des Finanzmarktes. Anders als die „Zauberer", die dem latenten Vorwurf der Taschenspielerei ausgesetzt sind, gibt es Priester, die als Übersetzer des gottgleichen Marktwillens fungieren. Sie besitzen spezielles Wissen, sind anerkannte Vertreter ihrer religiösen Autorität. Hier kommen Pierre Bourdieus Akteure des religiösen Feldes in den Sinn. Diese scheinen in Bezug auf den Markt gleichermaßen Anwendung zu finden wie im Feld der Religion. Hier wie dort finden sich Zauberer, die ihre Macht aus der Geste beziehen. Der Zauberer befriedigt eine unmittelbare Nachfrage mit „Sprüchen und Techniken der Körper- und Seelenheilung" (Bourdieu 2000, S. 84). So wie Krugmans „wizards", die mit ihren Finanzinstrumenten Feuerwerk veranstalten. Dann als Zwischenstufe

5.4 Profil und Charakterisierung von Typ 2: Paternalistischer …

die Propheten. Der Prophet bietet die „explizit systematisierte[…] Lehre, die dem Leben und der Welt einen einheitlichen Sinn verleihen und somit das Mittel zur Verwirklichung der systematischen Integration der alltäglichen Lebensführung um ethische, also praktische Prinzipien herum bietet" (ebd.). Der Prophet des Marktes ist der Börsen-Guru, der praktische Ratschläge für die Beherrschung des Marktes bereitstellt:

> Es muss ja nicht mal unbedingt Buffett sein. Trotzdem kann es hilfreich sein, einen Favoriten unter den vielen Propheten des Marktes zu haben. Der entscheidende Vorteil eines Idols: Die Welt durch die Augen eines anderen, erfahreneren Anlegers sehen (Nagel 2014).

Als dritte Form steht der Priester. Er ist etablierter als Zauberer und Prophet, er weiß die etablierte Institution, die er vertritt, in seinem Rücken. So wie in folgendem Beispiel aus der *New York Times*. „The Market Speaks", so der Titel, vermittels sachkundiger Priester zur Politik:

> Four years ago, as a newly elected president began his efforts to rescue the economy and strengthen the social safety net, conservative economic pundits – people who claimed to understand markets and know how to satisfy them – warned of imminent financial disaster […] So what the bad predictions tell us is that we are, in effect, dealing with priests who demand human sacrifices to appease their angry gods – but who actually have no insight whatsoever into what those gods actually want, and are simply projecting their own preferences onto the alleged mind of the market […] Unfortunately, policy makers have been intimidated by those false priests, who have convinced them that they must pursue austerity or face the wrath of the invisible market gods […] (Krugman 2013).

Die Politik allein wird den Markt nie ganz verstehen können. Aber sie ist gleichzeitig von ihm abhängig. Dadurch verstärkt sich die Abhängigkeit von den Zauberern, Priestern und Propheten des Marktes, welche die Politik beraten, ungeachtet dessen, dass diese Figuren selbst blind auf den Markt vertrauen müssen.

Der Markt gewinnt dadurch an Autorität, an Selbstverständlichkeit, mit dem ihm Folge geleistet wird. Diese Unterwürfigkeit wird in der kritischen Forschung als *Marktgehorsam* bezeichnet. Ein Gehorsam „gegenüber einer transzendenten Autorität, die menschliches Bewusstsein übersteigt […]" (Brodbeck 2009, S. 62).

Betrachtet man den mystischen, vergötterten, durch verschiedene Agenten vertretenen, Autorität ausstrahlenden und Unterwerfung fordernden Markt, so entsteht rasch die Frage einer Verhältnisbestimmung zur traditionellen Religion – und wird sogleich prominent beantwortet: Giorgio Agamben stellt fest, dass der sich selbst regulierende Markt die Religion ersetzt habe, ein sinnbefreites Effizienzdenken an deren Stelle getreten sei (Agamben 2015). Man könnte es vorsichtiger formulieren: Der Markt dockt an Stellen an, an denen vormals unangefochten die Religion waltete. Religiöse Zeichensysteme sind nicht auf traditionelle Formen von Religion begrenzt (vgl. Zapf 2014, S. 257). Dies zeigt sich in den beschriebenen Aufladungen des Marktes. Die Grundthemen, denen sich die Religion widmet, scheinen unter geänderten Vorzeichen weiter zu bestehen. In unseren Beispielen stellt der Markt matephysische Bezüge bereit, besitzt eine körperlose Autorität, hat Agenten, die sich mit Spezialkenntnissen seiner zu bedienen wissen. Er beinhaltet eine umfassende Lehre – und die Teilnahme an seinen Prozessen setzt eine Ausbildung voraus. Denn so, wie die religiöse Expertise das Ergebnis eines langen, ausführlichen Lernprozesses ist, wird die erfolgreiche Teilnahme am Marktprozess zum Erziehungsziel. Gerade so, wie Gottesfürchtigkeit, Fleiß oder das Verhalten als Staatsbürger Fluchtpunkte der Erziehung sind (vgl. Schelsky 1965, S. 162), gilt es nun, eine möglichst marktnahe Formung des Nachwuchses vorzunehmen. Ein Vertreter der Church of England stellt diese Marktorientierung von Erziehung und die daraus folgenden sozialen Verhältnisse in seinen Gemeinden fest:

> My scepticism began when I was a young priest. Market economics shaped the parishes where I worked over three decades so that, whether in Tory Sevenoaks, inner-city Southampton or the estates of Manchester and Salford, the lives of the population were moulded, willingly or otherwise, to conform to the market's demands. […] Moving to inner-city Southampton soon after, I watched 'market forces' creating retail apartheid – one high street for wealthy shoppers and an alternative back street for those with little (Brown 2013).

Malcolm Brown, anglikanischer Priester und Kirchenpolitiker, hat offenbar ein feines Gespür für den Marktgott. Er erkennt, dass seine Gemeinden von jener Kraft geformt wurden – eine Erziehung seiner Gemeindeglieder auf die Erfordernisse des Marktes hin. Auf Grundlage dieser Erziehung setzt der Markt dann seine Kräfte für die bestimmte Ordnung und Aufteilung der Stadt ein. Brown nennt es „Einzelhandelsapartheit": Die marktlich indoktrinierten Individuen halten es für selbstverständlich, dass es eine Hauptstraße für Reiche und eine kleine Seitenstraße für Arme gibt. Der Markt erzieht zur Duldung dieser augenscheinlichen Ungleichheiten und vermittelt gleichzeitig die Möglichkeit des Aufstiegs – womit er sich gegen eine Änderung dieser Verhältnisse absichert.

Tauchen wir weiter in diese Marktdeutungen ein, zeigt sich der Markt nicht mehr nur als selbstverständliches Erziehungsziel. Vielmehr trägt er soziopathische Züge. So mag der Markt kategorisch bestimmte Länder nicht, wie es in einer *Forbes*-Überschrift angedeutet wird: „Is The Market Ready To Finally Like China Again?" heißt es dort (Rapoza 2014), offenbar mit größter Rücksicht und Verständnis auf die Ressentiments des Marktes bezüglich fernöstlicher Marktskepsis. Zu dieser Einschätzung einer launischen, leicht verstimmbaren Macht kommt auch ein Artikel im *Wall Street Journal*, der einmal mehr das Verhältnis des Marktes zur EZB thematisiert. Hier ist von einem „lack of market faith in the ECB's ability or willingness to boost inflation" (Barley 2014) die Rede. Hier wird dem Markt ein *eigenständiger* „Glaube" unterstellt. Es geht nicht mehr um einen Glauben *an* den Markt, sondern um den Glauben *des* Marktes. Und dieser ist äußerst kritisch: Der Markt glaubt der EZB nicht, zweifelt an deren Fähigkeiten oder ihrem Willen, die Inflation zu bekämpfen. Die Zentralbank genügt diesem Marktglauben offenbar nicht, zu wenig sicher ist ihr Erfolg in der Geldpolitik.

Die Vollendung des Bildes dieses mächtigen und gläubigen Zauderers und Kritikers zeigt sich in der Starrsinnigkeit dieses Marktes:

> By now, the market should understand this. It should have priced in a supercomittee failure. But from the market's perspective, that failure might not look all that different from success: either way, little more than $1.2 trillion in deficit cuts would have occurred […] What the market probably thinks, rightly or not, is that eventually Congress will get its act together (Indiviglio 2011b).

Diese Marktdeutung hinterlässt uns mit der Überzeugung, dass wir es mit einem denkenden, glaubenden Markt zu tun haben, der trotz gigantischer, unfassbarer Zahlen – 1,2 Billionen US$ – nicht zuckt, sondern die Politik machen lässt. Ein solches Pokerface kann nicht von dieser Erde sein.

5.5 Von der Beschreibung zur Bewertung: Die ethischen Konsequenzen der Marktvergötterung jenseits der roten Linie

Die bereits dargestellten Beispiele beschreiben die Kräfteverhältnisse des Marktes gegenüber Politik und Gesellschaft. Die Betrachtungslogik des Marktes als vergötterter Markt war dabei überwiegend deskriptiv, eine

Bewertung nicht beabsichtigt. Die Vergötterung des Marktes wurde zur Erklärung, zur Greifbarmachung des mächtigen Marktes verwendet. Konfliktlinien wurden verdeutlicht und Kräfteverhältnisse gemessen. Die Aufladung, die bisher auf mediale Zuschreibungen begrenzt war, beschreiben wir im Folgenden als unserer Meinung nach ethisch problematischen Vorgang. Dazu wenden wir uns den heiklen Auswirkungen zu, welche durch diese Marktvergötterung entstehen.

Diese zeigen sich beim hier zuletzt vorgestellten Typ 2 des Marktes. Beim Typ 1 bestand der Markt als Schwelle zwischen den Teilnehmern und erzeugte positive Auswirkungen: Autonomie, Prosperität, Effizienz. Dieser Typ richtet sich auf Markt-externe Effekte, zu denen er beiträgt. Anders beim Typ 2: Beim vergötterten Markt bezieht sich die Aufladung auf den Markt selbst. Durch diese Betrachtung entsteht ein wirkmächtiges eigenständiges Drittes. Die Betrachtungslogik des Marktes beim Typ 2 überschreitet dort eine „rote Linie", wo sich aus dem eigenständigen Dritten ethisch problematische Konsequenzen ergeben.

Die ethische Bewertung des Marktes erhält ihren normativen Gehalt aus der Überzeugung, dass die Marktrationalität nicht für alle Lebensbereiche passend ist. Allerdings lässt sich die Marktablehnung schwerlich aus sich selbst heraus begründen. Vielmehr ist sie die Folge einer ethischen Güterabwägung: Angebot und Verfügbarkeit versus Wertvorstellung. Die Einwände gegen den Markt sind ethische Argumente und damit sozial bedingt und wandelbar.

Die nachfolgenden Beispiele reflektieren die Inkompatibilität des Marktes und der damit verbundenen Verfügbarkeit mit anderen Rationalitäten: Menschenrechte, Gerechtigkeit, Gesundheit usw. Die gängigsten Argumente gegen einen überbordenden Markt (vgl. Brennan und Jaworski 2015, S. 1053 f.) lassen sich unter der Gefährdung persönlicher Integrität zusammenfassen. Das Marktprinzip wird verabsolutiert angewendet, ohne auf subjektive (oder ökologische) Folgen zu achten. Der vergötterte Markt steht als höchste Maxime, der sich selbst individuelles Wohlergehen oder der Schutz der Umwelt unterordnen. Während beim Typ 1 des eigenständigen Dritten der Markt als Garant positiver Effekte steht, sind die nachfolgenden Probleme Ausdruck des verselbstständigten Typs 2 der Marktvergötterung. Hier wird die Anwendung des Marktes selbst dann noch befürwortet, wenn sie offensichtlich schädliche Auswirkungen zeitigt:

- *Verletzen von Grundrechten und Ausbeutung:* Die Rationalität des Marktes nimmt keine Rücksicht auf Menschen- oder andere Rechte. Im Zuge dessen beeinflusst der Markt, übergeht oder benachteiligt verletzliche und schwächere Personen oder Lebewesen. Als drastische Beispiele stehen Sklaven- und Organhandel.

- *Paternalismus und ungebührlicher Einfluss:* Der Markt führt beim Individuum zu schädlichem Verhalten. Als Beispiel steht der Drogenmarkt, aber auch die Beeinflussung von Kindern durch bestimmte Produkte (Süssigkeiten, Sammelartikel).
- *Schädigung von Dritten:* Bestimmte Marktgegenstände schädigen am Tausch unbeteiligte Dritte – wie der Waffenmarkt oder der Handel mit stark umweltbelastenden Gütern.

Hier steht jeweils die nicht-marktliche Rationalität der marktlichen Rationalität gegenüber. Beide Denkweisen lassen sich, wie in den Beispielen angeführt, nicht vereinen. Die berechnende, auf Effizienz und Effektivität ausgerichtete Rationalität des Marktes liefert oftmals die einfacheren Argumente – allem voran die Aussicht auf einen Gewinn – und sticht so die außermarktlichen Überlegungen aus. So setzt sich der Markt gegen Menschenrechte, Schutzbedürftigkeit und Unversehrtheit hinweg und wird ethisch problematisch.

Im Kontext des Aufeinanderprallens verschiedener Rationalitäten stehen die folgenden Kritiken eines überhöhten Marktes. Wir stellen vor, wie diese problematischen Seiten eines vergötterten Marktes verhandelt werden. In zwei Bereichen werden die ethischen Konsequenzen des Marktgottes besonders deutlich:

1. Die Vergötterung des Marktes aus Sicht von Marktkritikern (Abschn. 5.5.1). Hier kommen Stimmen zu Wort, die den vergötterten Markt erkennen und kritisieren. Der Markt wird zum bösen Gott stilisiert, von dem es sich abzuwenden gilt.
2. Die Vergötterung des Marktes zur Abwälzung von Verantwortung (Abschn. 5.5.2). Bestimmte Marktteilnehmer erkennen die Vergötterung des Marktes – und verwenden diese Rhetorik dazu, um Verantwortung des eigenen Handels abzuwälzen.

Der vergötterte Markt überschreitet eine rote Linie. Er ist nicht mehr bloße rhetorische Aufladung, sondern führt zu handfesten ethischen Problemen.

5.5.1 Die Vergötterung des Marktes aus Sicht von Marktkritikern

Der behauptete Marktgott raubt Freiheitsgrade. Und er schreckt nicht vor dem gewaltsamen Durchsetzen seiner Interessen zurück, wie der Soziologe Jean Ziegler in einem Interview verdeutlicht:

Die Weltdiktatur der Finanzoligarchie funktioniert durch strukturelle Gewalt, die alles und jeden durchdringt. Sie entscheidet, wer amerikanischer Präsident wird, sie erpresst die Nationalstaaten. Wir haben deswegen auch ein durch die Verwaltungsräte kolonialisiertes Parlament in Bern […] Eines der Machtinstrumente der internationalen Finanzoligarchie ist die organisierte Entfremdung des Kollektivbewusstseins. Die neoliberale Wahnidee sitzt sogar in sozialistischen Köpfen (Neff und Furrer 2015).

Zieglers Polemik verweist auf eine „strukturelle Gewalt, die alles und jeden durchdringt". Diesem Marktgott und seinen weltlichen Agenten, der „internationalen Finanzoligarchie", kann sich niemand mehr entziehen. Dafür werden zwei Gründe angeführt: zum einen die von Marktinteressen geleiteten Politiker, die damit als Korrektiv ausscheiden. Zum anderen ein tief greifender Eingriff in das „Kollektivbewusstsein", mit dem der Markt seine Rationalität in den Köpfen der Menschen verankert. Selbst die ehemals institutionalisierte sozialistische Marktkritik kann sich dem totalitär vergötterten Markt nicht mehr entziehen.

Prägnant bringt diese Negativfolgen eines vergötterten Marktes auch der Literaturwissenschaftler Joseph Vogl auf den Punkt, wiedergegeben in der *Welt*:

> Mit der fortlaufend verpfändeten oder konfiszierten Zukunft ist der Markt selbst zu einem Gläubigergott geworden (Posener 2015).

Der Markt stabilisiert sich, so Vogl, durch Schulden und Verpfändungen selbst. Der Markt schafft sich seine eigene Zukunft. Dadurch schränkt er Handlungsmöglichkeiten ein und zwingt die Akteure zur Beibehaltung seiner Eigenrationalität – dies ist die Herrschaft des „Gläubigergottes". Ein Ausbrechen aus der Herrschaft dieses Gottes ist schwer denkbar, denn die Interessen der Schuldner sind schwerwiegend. Wie ein ideologisches Gerüst umgibt die Marktrationalität das kollektive Handeln. Der vergötterte Markt wird zum zwingenden Korsett, das Bewegung verunmöglicht. Und nimmt damit neben seiner Form als Gottheit die Form einer radikalen Ideologie an, wie es der Feuilletonist Frank A. Meyer im *Blick* beschreibt:

> Und anders als die Adjektive rechtsbürgerlich oder linksfreisinnig, die den Liberalismus-Begriff ja erweitern, ist Ordo- oder Neoliberalismus eine Verengung der freisinnigen Philosophie: die Zurichtung zur Heilsbotschaft, nach der allein das möglichst ungezügelte Walten der Wirtschaft das Wohl der Welt zu bestimmen vermöge. Das aber meinen Religionen immer, auch säkulare:

Sie allein kennen den archimedischen Punkt – das Wirkungsprinzip – der Geschichte. Der Marxismus hats vorgemacht: Alles Staat! Der Neoliberalismus machts nach: Alles privat! Marktismus statt Marxismus! Was sich ändert, ist der Gott, was gleich bleibt, ist der Glaube (Meyer 2015).

Meyer beschreibt den Neoliberalismus und seine Marktverehrung als Einengung, als verknappende, alleinige Wahrheit. Er lehnt die ideologisch unterfütterte Heilsversprechen des Marktes und seine Welterklärungen scharf ab. Die These des Marktes als Religion (s. Agamben) wird pointiert als Entwicklungsschritt innerhalb verschiedener Wirtschaftsglauben dargestellt. Diese überbordende Bedeutung des Marktes lässt sich, so sieht es auch ein anderer Kommentator, nur noch mit Krankheitsbezeichnungen fassen:

In ihrer Absurdität können diese Überlegungen nur noch als ‚Marktitis' oder als ‚Marktismus' bezeichnet werden (Püntener 2015).

Der vergötterte Markt führt gemäß diesen Deutungen zu einer ideologiebelasteten, religionsähnlichen und krankhaften Beziehung zwischen Wirtschaft und Gesellschaft. Die Differenz zwischen Wirtschaft und Gesellschaft wird im Verlauf dieser Beziehung aufgehoben. Der vergötterte Markt drängt in alle Lebensbereiche und nimmt dabei einen Zwangscharakter an. Seine Sachzwänge drängen dazu, am Marktprozess teilzunehmen und ihn weiterzuverfolgen. Und führen schließlich zum Totalitarismus, wie es der Wirtschaftsethiker Peter Ulrich beschreibt:

Aus einer lebensdienlichen Marktwirtschaft wird dann tendenziell eine totale Marktgesellschaft, in der alles nach Marktpreisen bewertet und das ganze Leben wettbewerblichen Selbstbehauptungszwängen unterworfen wird. Am Ende macht ein allzu ‚freier' Markt die Menschen, die sich in ihm existenziell behaupten müssen, real höchst unfrei (Ulrich 2013).

Die „totale Marktgesellschaft" hebt die Begrenzung zwischen Markt und Nicht-Markt auf. Die Unterschiede zwischen den Lebensbereichen verschwimmen. Ulrich kritisiert die Aufhebung dieser Unterschiede und versucht, die Bedeutungssteigerung des Marktes zu relativieren. Durch seine Sachzwänge und Pfadabhängigkeiten wird dieser totalitäre Marktgott zum Erzeuger von Unfreiheit und Unbeweglichkeit. Wenn der Marktgott sein totalitäres Gesicht zeigt, verschwinden seine Verheißungen. Seine Übermacht wird infrage gestellt. So verdeutlicht es der folgende Ausschnitt:

The market was meant to emancipate us, offering autonomy and freedom. Instead it has delivered atomisation and loneliness (Monbiot 2014).

Statt der versprochenen Autonomie und Freiheit ist der Preis des marktkonformen Verhaltens und des Erfolges, dass seine Teilnehmer wie einzelne Atome versprengt werden. Der übermächtige Markt mit dem Potenzial der Befreiung konnte nicht liefern. Die einst geglaubten Versprechungen weichen schlechten Nebenwirkungen: Vereinzelung und Vereinsamung. Die Überhöhung des Marktes kippt ins Negative.

Trotz dieser kritischen Einschätzungen ist der vergötterte Markt fest etabliert. Denn er schafft für seine erfolgreichen Akteure Privilegien, nicht zuletzt auch in der Politik. Das daraus resultierende Abhängigkeitsverhältnis wird in einer politischen Karikatur von Amelie Holtfreter-Glienke thematisiert (s. Abb. 5.2).

Wir sehen zwei Figuren im Tenü des Finanziers, Nadelstreifen und Zigarre, von hinten in großen Lehnstühlen sitzen. Die Beine übereinandergeschlagen, das Glas Champagner in Reichweite, sagt die eine zur anderen: „Was braucht Europa noch Parlamente?" Daraufhin erwidert die andere: „Das bisschen Politik reguliert der Markt!" Eine beißende Polemik über das wahrgenommene Kräfteverhältnis zwischen Politik und Markt. Der Markt, der die europäische Politik vor sich hertreibt. Ökonomische Sachzwänge und

Abb. 5.2 Karikatur *Märkte*. (Quelle: Holtfreter-Glienke 2015)

5.5 Von der Beschreibung zur Bewertung: Die ethischen …

Pfadabhängigkeiten lassen der Politik nur winzige Gestaltungsspielräume – „das bisschen Politik". Und selbst diese werden vom Markt bestimmt. Die Politik ist einzig mit „dem Markt" beschäftigt, ist ihm immer einen Schritt hinterher und in Krisenzeiten darauf verpflichtet, ihn zu beruhigen.

Wie tief die Verinnerlichung dieses vergötterten Marktes und seinem Verhältnis zu Politik und Gesellschaft fortgeschritten ist, greift eine Karikatur von Andreas Prüstel aus dem Jahr 2012 auf (s. Abb. 5.3).

Zwei ältere Damen mit weißem Haar und Handtasche stehen vor einem Verkaufsregal mit Transistorradios. Die eine zur anderen: „Dein ewiges: Kauf ich das Küchenradio jetzt oder doch erst später? Das macht ja die Märkte ganz nervös!" Über allem Handeln schwebt die Gefahr, den Markt zu beunruhigen. So tief ist diese Überzeugung verankert, dass eine ältere Dame – wohl nicht gerade zentrale Akteurin des Marktes – die Befürchtung äußert, ihre ausbleibende bescheidene Anschaffung könne zur Beunruhigung der Märkte beitragen. In der absurden Brechung des nervösen Marktes entsteht das komische Moment der Karikatur. Allerdings wohl darauf bauend, das Thema beim Rezipienten selbstverständlich vorauszusetzen: Der nervöse Markt und die Verpflichtung, diesen zu beruhigen, ist ein Allgemeinplatz.

Abb. 5.3 Karikatur *Nervös*. (Quelle: Prüstel 2012)

Die angeführten Ausschnitte erkennen die Marktvergötterung und damit die dreiwertige Betrachtungslogik des Marktes an. Der Markt und seine Vergötterung existieren – und sei es in Form polemischer oder humoristischer Brechung. Die Existenz eines vergötterten Marktes stellt den Horizont der Kritik dar. Was dies für Folgen hat, sehen wir am Beispiel eines Beitrag der Finanzexpertin Ulrike Herrmann in der *taz* mit dem Titel: „Den Markt gibt es nicht" (Herrmann 2015). Gleich zu Beginn des Textes heißt es:

> Echte Märkte sind selten und würden meist nicht funktionieren. Der ‚Markt' ist ein ideologisches Konstrukt, das Interessen verschleiern soll (Herrmann 2015).

Durch die Bezeichnungen „Ideologie" und „Verschleierung" werden die ethisch-normative Dimension des Marktes und die Stoßrichtung des Artikels deutlich. Allein, die Entschleierung der Marktideologie bleibt aus. Vielmehr wird die Marktsystematik implizit akzeptiert, indem es am Ende der Ausführungen heißt:

> Es ist verantwortungslos […], ‚Wettbewerb' zu verlangen, wo kein Wettbewerb sein kann (Herrmann 2015).

Dies ist, logisch betrachtet, ein Argument, das nur aus der marktlichen Innenperspektive heraus angestellt werden kann, denn es enthält ein Werturteil darüber, wo der Markt wirken kann und wo nicht. Die Überhöhung des Marktes wird dazu genutzt, die absolute Macht des Marktes zu überzeichnen und dann ironisch zu brechen. Hermanns Marktkritik und die Enttarnung des Marktes als Ideologie würden greifen, wenn sie nicht mit dem Markt gegen den Markt argumentieren, sondern den kritisierten Marktbegriff hinsichtlich seiner *ideologischen* und *interessengeleiteten* Auswirkungen auf Banken und Gewerkschaften anwenden würden. Stattdessen verbleibt die Kritik in der Rationalität des kritisierten Systems. Das Primat des Marktes wird konstatiert, indem der Marktgott als Tatsache angenommen und aus dieser Position heraus kritisiert wird.

Kritik oder Erneuerung aus der Innenperspektive heraus ist freilich möglich. Um im Bild der Religion zu bleiben: Eine Reformation kann gedacht werden, ohne den zu reformierenden Kontext zu verlassen. Es erscheint aber schwierig, aus einer solchen Position der Akzeptanz heraus die Vergötterung des Marktes grundsätzlich zu hinterfragen.

Die Kritik aus der marktvergötternden Innenperspektive heraus macht eine erste Kontur der ethischen roten Linie deutlich, die der Markt überschreitet.

Diese ist gekennzeichnet durch die totalitäre, unantastbare Natur des Marktes und die Auflösung der Grenze zwischen Markt und Nicht-Markt. Beides befeuert den Kontrollentzug.

Zur Herstellung einer Außenperspektive auf den vergötterten Markt greifen wir diese Elemente auf und untersuchen die dahinterliegende Betrachtungslogik. Konkret bedeutet dies: die Analyse der verschiedenen Betrachtungslogiken des Marktes und die Dekonstruktion der dreiwertigen Logik. Eine solche Kritik – beim Thema Religion hieße sie „atheistisch" oder „agnostisch" – ist von den Denkmustern ihres kritisierten Gegenstandes nicht betroffen.

Mit dieser Beschreibung gelingt es, die Argumente der Marktvergötterer offenzulegen. Die Kritik aus der Innenperspektive ist stets auf eine moralische Begründung ihrer Ablehnung angewiesen, z. B. „undemokratisch", „totalitär" oder „entfremdend". Anders die Dekonstruktion: Hier werden keine allgemeinen ethischen Grenzen gezogen. Vielmehr entsteht durch das Auseinandernehmen der Betrachtungslogiken ein individuelles Tool, mit dem die Einschätzung, an welcher Stelle die Marktvergötterung zu weit geht, ermöglicht wird. Nicht die systemische Begrenzung, sondern die individuelle Erkenntnis steht damit als ethisches Ziel. Der Marktvergötterung wird der Schleier des Mystischen entrissen, die verschiedenen Strategien und Lager der Überhöhung des Marktes deutlich.

5.5.2 Die Vergötterung des Marktes zur Abwälzung von Verantwortung

Wir zeigen, dass der vergötterte Markt von Marktteilnehmern dazu genutzt wird, Verantwortung zu delegieren. Dieser Prozess wird sichtbar, indem eine Außenperspektive eingenommen wird. Wir dekonstruieren dafür die Betrachtungslogik des vergötterten Marktes in zwei Beschreibungsschritten:

1. Der Markt als prädeliberativer Regelraum, d. h. normativ ohne einen Dialog gesetzt, der sich externen ethischen Erwägungen verwehrt.
2. Die Instrumentalisierung des vergötterten Marktes durch einzelne Marktteilnehmer zur Abwälzung von Verantwortung und die systematische Ermöglichung von Täuschung.

Zunächst zum Effekt, mit dem sich der Markt ethischen Erwägungen entzieht. Grundlage dieser Beobachtung ist die Loslösung des Marktes aus seiner sozialen Einbettung bei gleichzeitiger Bindung seiner Akteure an sich.

Für die Mehrheit der Menschen ist der Markt die Grundlage eines regelmäßigen Auskommens. Durch die gleichzeitige strukturelle Unabhängigkeit des Marktes und die Schaffung sozialer Verbindlichkeit gewinnt der Markt an Autonomie. Diese Autonomie begünstigt eigenständige Regeln des Marktes.

Wir haben es beim Markt und der Etablierung seiner eigenständigen Regeln und Gesetze mit einem trefflichen Beispiel der normativen Kraft des Faktischen zu tun, welche der Jurist Georg Jellinek Anfang des 20. Jahrhunderts zusammenfasste:

> Für die Einsicht in die Entwicklung von Recht und Sittlichkeit ist die Erkenntnis der normativen Kraft des Faktischen von der höchsten Bedeutung. Die Befehle priesterlicher und staatlicher Autoritäten werden zunächst, sei es ans Furcht, sei es aus einem anderen Motive, befolgt, und daraus entwickelt sich die Vorstellung, daß der oftmals wiederholte Befehl selbst, losgelöst von seiner Quelle, kraft seiner inneren verpflichtenden Kraft eine schlechthin zu befolgende, also sittliche Norm sei. Alle imperative religiöse Moral begründet ihre Sitze damit, daß sie faktischer Willensinhalt einer schlechthin anzuerkennenden Autorität sei (Jellinek 1905, S. 330).

Die Verbindung zum Religiösen, die Vergötterung, steigert die normierende Leistung des Marktes. „Kraft seiner inneren verpflichtenden Kraft" wird aus dem marktlichen Handeln und seiner Eigenrationalität eine autoritative Norm, die von seinen Teilnehmern schlechthin anzuerkennen ist.

Der Markt ist, wie Hayek bemerkte, ein subjektloser Akteur. Seine Regeln und Normen orientieren sich daher nicht an humanistischen oder sozialen Leitlinien, sondern an ökonomischen Sachzwängen und rechnerischen Automatismen – die in der wirtschaftswissenschaftlichen Beschreibung den Rang von Gesetzen haben. So wie das Gesetz der Nachfrage, wonach die Nachfrage immer mit dem Preis zusammenhängt. Das Walras-Gesetz, wonach sich in einem vollkommenen Markt Angebot und Nachfrage immer ausgleichen. Oder das Say'sche Gesetz, wonach sich ein Angebot immer seine Nachfrage schafft. Die Wirtschaftswissenschaft festigt den eigenständigen Regelraum des Marktes, indem sie den Markt als optimales Zentrum ökonomischen Handelns festlegt.[3] Auch die Wirtschaftsethik stärkt implizit diesen eigenständigen Regelraum, indem sie als Spezialethik grundsätzlich die

---
[3] Gleichgewichtstheorie und marktliche Preisfindung als Grundlage wirtschaftswissenschaftlicher Untersuchung erscheinen vielen Ökonomen heute verkürzt (Hodgson 2008, S. 210 f.). Als Reaktion auf diese Verkürzung bildete sich eine Post-Autistische Ökonomie. Der Reduktionismus wird als Verschließen vor der Wirklichkeit gewertet. Statt mathematischen Modellen als Selbstzweck und dogmatischer neoklassischer Lehre verschreibt sich diese Ausrichtung einer realistischeren, kritisch reflektierenden Beschreibung der Wirtschaft (vgl. Fullbrook 2002, S. 14).

Eigenlogik des Wirtschaftens konstatiert und den Markt davon ausgehend mit externen Vorstellungen guten Handelns versorgt. Versuche, dem globalen Markt ordnungspolitische Zügel anzulegen, scheitern – wie sich in den gescheiterten Versuchen von Finanztransaktionssteuern oder der Einrichtung transnationaler Finanzaufsichten stets aufs Neue bestätigt.[4] Die Funktionsweise des Marktes ist sakrosankt, sie anzuzweifeln ist nicht vorgesehen:

> Und gegen den weisen Ratschluss des Marktes sollte man sowenig aufbegehren wie gegen den unerforschlichen Ratschluss Gottes. Zumal dann nicht, wenn der Markt will, was man selbst will, z. B. niedrige Steuersätze für Reiche, hohe Abfindungen für Manager von Pleitebanken oder Staatsgarantien für Banken […] (Hörisch 2013, S. 174).

Die unergründlichen Wege des vergötterten Marktes und seine Gesetze entziehen sich der Kritik. Der Markt festigt und reproduziert sich als eigenständiger Regelraum, rein an der Sache orientiert, ohne ordnende menschliche Eingriffe. Durch die stete Wiederholung und Internalisierung dieser Vorgänge festigen sich die Regeln des Marktes, werden tradiert und führen schließlich zur Etablierung einer eigenständigen Markt-Tugend.

Mit einer solchen Markt-Tugend beschäftigt sich die US-amerikanische Ökonomin Deirdre McCloskey. Sie beschreibt eine eigenständige, bourgeoise Tugendethik, die sich in der Marktwirtschaft herausgebildet habe. Die bourgeoisen Tugenden sind Handlungsleitungen, die in einer marktwirtschaftlichen Ordnung Erfolg versprechen. Insgesamt stellt McCloskey vier bourgeoise Tugenden fest (vgl. McCloskey 2006, S. 507–508):

- Allem voran steht die Klugheit, günstig ein- und teuer zu verkaufen.
- Als Zweites steht die Mäßigung. Sparen und ansammeln, zuhören, lernen und aus dem Gelernten Nutzen ziehen, Kompromissbereitschaft und dem Betrug widerstehen.
- Die dritte bourgeoise Tugend ist der Respekt vor rechtmäßigem Eigentum, das Eintreten für gerechte Bezahlung guter Arbeit und die höhere Wertschätzung von Fähigkeiten gegenüber dem Ansehen.
- Die vierte Tugend ist der Mut, Unwägbarkeiten einzugehen, Wandel zu ertragen und neuen Ideen offen gegenüberzustehen.

---

[4]Kleinteiligere Regelungen, nationale Ordnungs-, Wettbewerbs- und Wirtschaftspolitik funktionieren aufgrund der einfacheren Sanktionierbarkeit besser. Dennoch sind sie meist Reaktionen und hinken der marktlichen Realität, die vor Grenzen und verschiedenen politischen Räumen keinen Halt macht, hinterher.

Diese Tugenden sind das kulturelle Destillat einer jahrhundertelangen Markt-Einübung. Die Internalisierung dieser Handlungsleitungen garantiert Marktförmigkeit und Erfolg. Der Markt hat sich mit diesen Maximen seine eigene Ethik geschaffen, die dem Marktteilnehmer von Montag bis Freitag eine Handlungsorientierung mit hoher Autorität bereitstellt (vgl. McCloskey 2006, S. 508).[5]

Der Markt hat seine eigenen Gesetze und er schafft sich seine eigene Tugend. Beides besteht unabhängig von gesellschaftlich-politischen und ethischen Erwägungen. Der metaphysisch-ätherischen Natur des Marktes ist es zu eigen, dass hinter dem geschlossenen Regelraum des Marktes keine verschwörerische Absicht, sondern die Eigenrationalität des Marktes steckt. Es ist keine menschliche Verschwörung, denn eine solche fußt auf Absprachen, auf Planungen und einem begrenzten Kreis von Verschwörern. Dies ist aber beim Markt nicht der Fall. Die Eigenrationalität des Marktes fungiert als dezentrale kollektive Handlungsleitung, die sich hinsichtlich ihrer ethisch problematischen Auswirkungen indifferent verhält. Die Marktteilnehmer folgen ganz einfach einem System (vgl. dazu Gärtner 2014). Entsprechend setzt die Teilnahme am Markt ein prädeliberatives Einverständnis mit diesen Regeln und der daraus folgenden Tugend des Marktes voraus. Eine Diskussion, eine demokratische Anpassung dieser Regelungen findet nicht statt. Die Ordnung des Marktes steht nicht zur Disposition und ist externen ethischen Erwägungen nicht zugänglich.

Dies führt zum zweiten Punkt unserer Außenperspektive auf die Probleme des Marktes. Der eigenständige Regelraum des Marktes enthält das Potenzial ethischer Delegitimierung. Der Markt ist nicht nur auf der systemischen Makro-Ebene gegen externe ethische Erwägungen resistent, sondern auch auf der Mikro-Ebene der Akteure. Der vergötterte Markt leistet der Täuschung Vorschub.

Die eigenständigen Regeln und Normen des Marktes ermöglichen es seinen Akteuren, außermarktliche ethische Maßstäbe zu ignorieren. Die Akteure, die den überhöhten Markt dazu nutzen, ihre eigenen Interessen gegen außermarktliche Wertvorstellungen durchzusetzen, verdrehen die eingangs erwähnte Kant'sche Feststellung:

---

[5]McCloskey fokussiert die Beschreibung ihrer bourgeoisen Tugenden auf die USA. Sie verallgemeinert diese nicht zu einer globalen „kapitalistischen Ethik". Zwar führt sie die einzelnen Tugenden auf christliche Werte und europäische Geistesgeschichte zurück. In der Realisierung hat sie aber ein US-amerikanisch geprägtes „Age of Commerce" vor Augen.

5.5 Von der Beschreibung zur Bewertung: Die ethischen ...

> Eine wohlgeartete Seele ist leicht zum Glauben [...] zu überzeugen, aber einem bösen ist nicht zu helfen. Seines Herzens Härtigkeit mach ihn blos aus Speculation erpicht, und er fürchtet allenfals einen Gott, aber glaubt ihn nicht [...] (Kant, *Metaphysik:* S. 206).

Einleitend unterstellten wir den Marktakteuren – dem „Bösen" –, dass er den Markt fürchtet und sich um der Spekulation willen dieser Macht unterwirft. Nun haben wir es immer noch mit „bösen" Spekulanten zu tun, die den vergötterten Markt aber weder fürchten noch glauben müssen, sondern ihn lediglich nutzen, um sich von ihrer Verantwortung zu befreien. Für diese Akteure gilt nur der Wettbewerb, auf dem sich jeder Teilnehmer behaupten, dem sich keiner entziehen kann und jeder unterwerfen muss (vgl. Ulrich 2009, S. 217). Die absolute Rationalität des vergötterten Marktes macht es nach außen hin plausibel, Verantwortung auf den Markt abzuwälzen, den Markt zur individuellen ethischen Delegitimierung anzuführen. In der Außenwahrnehmung folgt der Marktakteur nur den Regeln des Wettbewerbs. Und diese wiegen schwerer als die außermarktlich-ethischen Grenzen des Erlaubten. Bei diesem vergötterten Markt fehlt die Smith'sche Systemethik, wie wir sie beim Typ 1 des eigenständigen Dritten sahen, vollständig. Der zur ethischen Delegitimierung genutzte Markt hat keine sozial dienlichen Auswirkungen mehr, keine unsichtbare Hand, welche den Eigennutz in Gemeinnutz verwandelt. Das Abwälzen von Verantwortung kann vielmehr marktschädigend – Absprachen, Monopolbildungen, Betrug –, aber dem Akteur zuträglich sein. So führt dieses Verhalten zur Schädigung des Marktes und zur sozialen Schädigung.

Der vergötterte Markt wird zur ethisch problematischen Methode, um Verantwortung abzuschieben. Trotz seiner Größe und Macht wird der Markt dann von einzelnen Akteuren und einzelnen Unternehmen „[...] geschickt und umfassend manipuliert [...] Darin besteht die Täuschung" (Galbraith 2007, S. 46). Wenn also mithilfe der dreiwertigen Betrachtungslogik des Marktes individuelle Verantwortung delegiert wird, liegen Tausch und Täuschung nah beieinander.[6] Ein Blick in die Etymologie des Verbes „tauschen" zeigt diese Verbindung:

> Das Verb geht zurück auf mhd. Tüschen, Spaß, Gespött, Schelmerei treiben, unwahr reden, betrügen [...], also eigtl. wohl einem (im Handel) in betrügerischer Absicht etw. aufschwatzen, durch Unterschiebung von etw. Falschem

---

[6] Womit sich der aristotelische Ausgangspunkt unserer Betrachtungen schließt: die logische Betrachtung zum Verhindern der Täuschung.

sein Spiel mit jmdm. Treiben (Pfeifer und Berlin-Brandenburgische Akademie der Wissenschaften 2015).

Die sprachliche Nähe des Tausches zur Täuschung, zum betrügerischen Aufschwatzen und dem falschen Spiel, verdeutlicht: Eine Markthandlung ohne Täuschung gibt es kaum. Schließlich wäre dazu bei allen beteiligten Akteuren eine vollständige, kostenneutrale Transparenz auf allen Ebenen des Geschäftes notwendig und die vollständige Fairness aller Beteiligten Voraussetzung. Ein Zustand, der in der Praxis kaum auftritt. Und von einem vergötterten Markt auch nicht gerade gefördert wird. Vielmehr lässt sich dem vergötterten Markt mit seiner dreiwertigen Betrachtungslogik unterstellen, dass er die Täuschung fördert, um seine Stellung zu sichern:

> [The] multiplicity of choices with which the market bombards us only serves to obfuscate the absence of any really radical choice concerning the fundamental structure of our society (Zizek 2009, S. 63).

„Der Markt" als mächtige Player „bombardiert" die Teilnehmer mit seinem Angebot. Und täuscht, so Zizek, über die hintergründigen, fundamentalen Fragen – wie jene zur Struktur unserer Gesellschaft – hinweg. Der verabsolutierte, vergötterte Markt täuscht seine Alternativlosigkeit vor und schließt die Systemfrage aus.

Teil III

Der Markt existiert nicht

6

Typ 3: Ausgeschlossenes Drittes: Binärer Markt – Einzelne Handlungen

> *Wenn im Leben etwas logisch ist, dann ist es nicht lebendig.*
> (Werner 2015)

Die Betrachtungslogik des Marktes als eigenständiges Drittes ist eine Nebelkerze, die vor den Marktbegriff gestellt wird. Sie verschleiert den Begriff mit Aufladungen und Bedeutungen: Wohlstand, Effizienz, Rationalität, Unumgänglichkeit. Der Markt existiert als wirkmächtiges Drittes über die Tauschhandlung hinaus. Der technische Prozess verschwindet dahinter.

Diese Überlegungen verweisen auf die sprachphilosophische Dimension der Betrachtungslogik, womit sich der Kreis zum Beginn unserer Ausführungen schließt. Wittgenstein leitete unsere Suche ein: Die Bedeutung eines Begriffs ist sein Gebrauch in der Sprache. So entdeckten wir die verschiedenen Bedeutungen des Marktes. Da diese nun ausgebreitet und mit ihren Konsequenzen vor uns liegen, können wir den Marktbegriff einschätzen.

Unsere Einschätzung zur Bedeutung des Marktbegriffs? Alles Narretei!

Die Träger und Nutzer des aufgeladenen Marktes betreiben mit ihren Marktdeutungen Narretei. Im Englischen würde man sagen: Bullshit! Gemeint ist jener Bullshit, wie ihn der amerikanische Philosoph Harry Frankfurt beschreibt. Das Besondere am Bullshit und der Unterschied zur Lüge ist sein Verhältnis zur „Wahrheit".[1] Ein Lügner weiß um die „Wahrheit" und dreht sie bewusst herum.

---

[1] Wie im Abschnitt zu Aristoteles bemerkt, ist „Wahrheit" schwerlich absolut zu verstehen. Daher die Anführungsstriche. Der Begriff beschreibt hier eine „Wahrheit", auf die sich die Akteure einigen und auf die sie sich implizit verlassen.

In der Regel, um ein dahinterliegendes Ziel zu verfolgen. Die Lüge widerspricht bewusst der „Wahrheit" (vgl. Frankfurt 2005, S. 55). Bullshit hingegen braucht den Bezug zur „Wahrheit" nicht. Es wird keine Aussage vorgetäuscht, die dieser Wahrheit widerspräche. Die Bullshit-Aussage ist weder wahr noch unwahr, denn „Wahrheit" ist keine Kategorie, mit welcher Bullshit operiert:

> It is just this lack of connection to a concern with truth – this indifference to how things really are – that I regard as of the essence of bullshit (Frankfurt 2005, S. 33 f.).

Bullshit verschleiert nicht seinen Gegenstand, sondern die Intention seines Produzenten. So tritt der Verbreiter von Bullshit als harmloser oder boshafter Narr auf. Was der Narr plant, worauf sein Bullshit, seine Narretei hinausläuft, bleibt vorborgen. Die Narretei beinhaltet eine Agenda – bewusst oder unbewusst. Ein Zweck, der außerhalb des kommunizierten Sachverhaltes zu suchen ist. Dies erinnert an die aristotelische Kritik an den Sophisten, ihre Fadenscheinigkeit und auf den Effekt bedachte Rhetorik.

Die Betrachtungslogik des Marktes als Schwelle entspricht einer Narretei. Sie kümmert sich nicht darum, ob die Schwelle des Marktes tatsächlich existiert, wahr oder falsch ist. Die Frage stellt sich überhaupt nicht. Sondern sie transportiert eine bestimmte Interpretation des Marktes, eine Aufladung, die den Markt charakterisiert.

Die Narretei passt besonders zu einem komplexen System wie dem Markt – hinter das man nicht vollständig sehen und das man nicht ganz verstehen kann, das aber für die erfolgreiche Teilnahme Kenntnis und Sicherheit verlangt. Selbst wenn man nicht weiß, worüber man redet, redet man darüber (vgl. Frankfurt 2005, S. 63).

Das Reden über den letztlich unfassbaren Markt beinhaltet zusätzlich zur Verständnissimulation eine *Hidden Agenda:* Die Markt-Narretei verschleiert den „wahren" Markt, ohne dahinterliegende Interessen direkt aufzudecken. Diese können so abstrakt sein wie das Ringen um das gesellschaftliche Primat, wenn durch die Narretei die Politik an ihren Platz verwiesen wird. Oder die Agenda ist banal und besteht in dem Versuch, durch die Narretei einer Beschwörung des Marktgottes von eigenen Fehlern abzulenken.

Markt-Narretei ist keine Lüge, sondern eine sophistische Drehung und Anpassung der Tatsachen, die geschickt mit Worten ausgekleidet wird. Die Betrachtungslogik, die das Bestehen eines eigenständigen Dritten des Marktes einräumt, beinhaltet eine Täuschung im aristotelischen Sinne. Die Träger dieser Marktlogik verstecken den eigentlichen Sachverhalt hinter Worten, um ihre eigenen Interessen durchzusetzen. Der Markt wird exklusiv mit dieser einen Logik, durch diese eine Brille betrachtet. Andere Betrachtungslogiken werden nicht berücksichtigt.

Das Werner'sche Bonmot, das diesem Kapitel voransteht, veranschaulicht die Konsequenz dieses Mechanismus: Eine verabsolutierte Logik schließt das Lebendig-sein aus. Ein lebendiger Markt lässt sich nicht in diese eine Logik pressen. Dazu noch einmal Jean Ziegler, der zum vergötterten Markt und der Unantastbarkeit seiner Gesetze eine pointierte Meinung vertritt:

> Die ‚Marktgesetze' sind eine metasoziale Begründung, die zumal dadurch besonders gefährlich ist, als sie sich auf einen strengen Rationalismus beruft. Tatsächlich handelt es sich um nichts anderes als Hokuspokus, der uns glauben machen möchte, wissenschaftliche Strenge und die Strenge der ‚Marktgesetze' seien das Gleiche (Ziegler 2015, S. 32).

Ziegler akzeptiert das Argument nicht, das den unantastbaren Markt als wissenschaftlichen Fakt darstellt, als einzig mögliche Konsequenz rationaler Erwägungen. Vielmehr sieht er dieses Argument als „Hokuspokus", mit dem die Marktrationalität sich gegen Angriffe und Änderungen immunisiert. In diesem Sinne geht es darum, den vergötterten Markt zu entzaubern, ihm auf beiden Ebenen – der wissenschaftlichen und der metaphysischen – die Kraft zu entziehen und ihn darauf zu reduzieren, was er ist: eine technische Struktur zur Organisation von Tauschbeziehungen.

Wir schlagen in den nachfolgenden Kapiteln eine Alternative zur sophistischen Markt-Narretei vor.

6.1 Erkenntnistheoretische Positionierung

Der Markt existiert nicht.

Jener Markt existiert nicht, dessen Betrachtung ein eigenständiges Drittes einräumt. Die nun vorgestellte Marktbetrachtung, der Typ 3, schließt ein Drittes aus *(Tertium non datur)*. Durch diese Brille betrachtet sieht man nur die einzelnen Tauschhandlungen des Marktes. Es ist lediglich der binäre, zwischen zwei Tauschpartnern stattfindende Tauschprozess sichtbar.

Der Typ 3 der marktlichen Betrachtungslogik negiert jede Aufladung des Marktbegriffs. Das *Tertium datur* wird aus der Marktbetrachtung gestrichen. Damit wird den Aufladungen ihre Grundlage entzogen. Gesellschaftliche Auswirkungen (Typ 1) oder gottähnliche Eigenschaften (Typ 2) des Marktes fallen weg (s. Abb. 6.1).

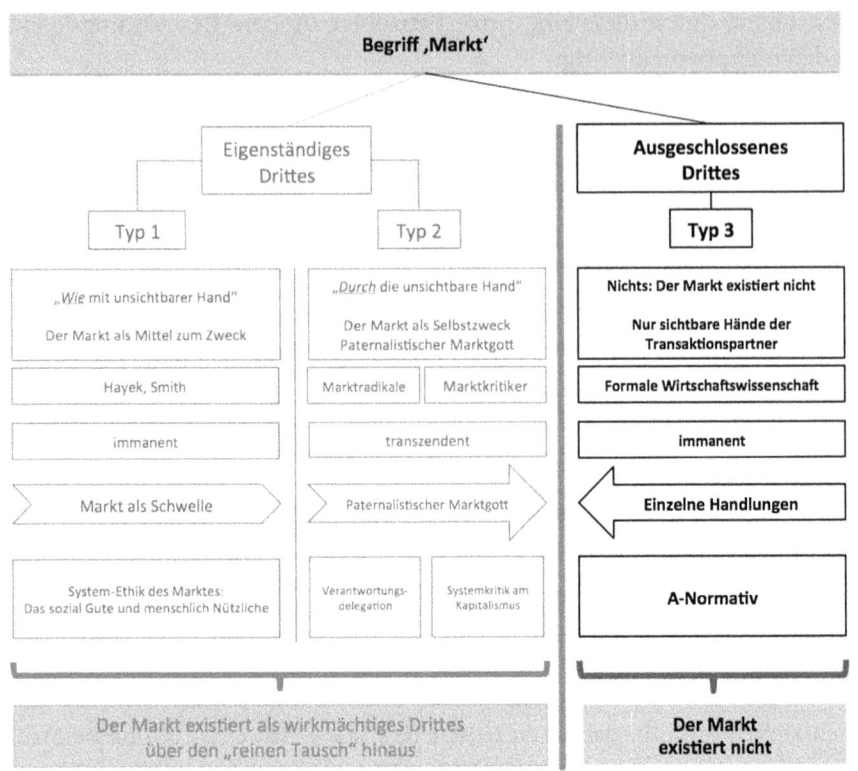

Abb. 6.1 Typ 3 im Verhältnis zu den anderen Betrachtungslogiken. (Eigene Darstellung)

Typ 3, das ausgeschlossene Dritte, ist ein Narretei-freier Marktbegriff. Es gibt keine *Hidden Agenda,* nur das klare Ziel: eine möglichst nahe begriffliche Wiedergabe der real stattfindenden Tauschvorgänge. Der Nutzer des Typs 3 zielt mit seinem Marktbegriff auf die effektiven Tauschvorgänge, die der Markt beinhaltet. Dieser Fokus spielt bei den anderen Typen der Betrachtungslogik, beim Narretei-Markt, eine untergeordnete Rolle.

Die Schwierigkeit besteht darin, eine aussagekräftige Definition für diesen Marktbegriff zu finden. Ein Grund für den Erfolg des eingeschlossenen Dritten des Marktes liegt darin, dass dieses Vorhaben schwierig ist. Es lässt sich einfacher eine *Aufladung des Marktes* beschreiben, als *den Markt selbst* zu fassen.

6.2 Metaphysische Positionierung: Immanent

Der Narretei-freie Marktbegriff hat eine grundlegende Auswirkung auf die metaphysische Positionierung des Marktes: vollständige Entzauberung und Entmystifizierung. Der Markt wird auf die Erde geholt und auf die Funktion des Austausches zurückgeführt. So wie es Jean Ziegler in der ihm eigenen dringlichen Art in einem Interview als Programm empfiehlt:

> Gott hat keine anderen Hände als die unseren. Wir müssen die kannibalische Weltordnung brechen – sonst macht es niemand (Löpfe 2015, 6).[2]

Die göttliche, unsichtbare Hand wird aus dem Marktgeschehen entfernt. Stattdessen die Konzentration auf unsere eigenen Hände, ohne Schussfolgerungen oder Interpretationen, die sich aus dem Markt ergeben. Die Übertragung von Religion und Vergötterungen auf den Markt wird ausgeschlossen und damit seine Überhöhung verhindert. Die Frage nach der Existenz eines göttlichen Wesens außerhalb dieses Marktzusammenhangs ist davon unberührt. Es wird lediglich festgestellt, dass es die menschlichen Hände sind, die im Markt agieren. Und diese Hände gehorchen menschlichen Regeln und Gesetzen und nicht einem metaphysischen Markt.

Die ontische Qualität des ausgeschlossenen Dritten, sein *Wirk*-Anspruch, ist innerweltlich und dem technischen Prozess des Marktes immanent.

6.3 Ethisch-normative Positionierung: A-normativ

Die Betrachtung des Marktes mit der Logik des ausgeschlossenen Dritten ist A-normativ. Entlang einer technisch-ökonomischen Marktdefinition sind ethisch-normative Bewertungen begrifflich nicht impliziert. Weder eine systemethische (Typ 1) noch eine absolut gesetzte Ethik (Typ 2) lässt sich beim Marktbegriff des Typs 3 festmachen.

Die ethisch-normative Kraft des Typs 3 entsteht aus seiner A-normativen Anwendung heraus: Die Entzauberung des Marktes schafft Transparenz, indem sie den Markt von seinen interessengeleiteten Aufladungen befreit und den Blick auf den reinen Prozess freigibt.

---

[2] Zieglers Aussage geht zurück auf ein Gebet aus dem 14. Jahrhundert: „Christus hat keine Hände, nur unsere Hände, um seine Arbeit heute zu tun. Er hat keine Füße, nur unsere Füße, um Menschen auf seinen Weg zu führen. Christus hat keine Lippen, nur unser Lippen, um Menschen von ihm zu erzählen. Er hat keine Hilfe, nur unser Hilfe, um Menschen an seine Seite zu bringen" (Bistum Fulda 2015).

6.4 Synthese: Der Markt als technisch-ökonomischer Mechanismus

Die Betrachtungslogik des Typs 3, ausgeschlossenes Drittes, produziert einen Marktbegriff, der Aufladungen gegenüber verschlossen ist und die technische Ebene fokussiert.

Ein solcher Marktbegriff findet in der formalen Wirtschaftswissenschaft Anwendung. Anders als bei den medialen, öffentlichkeitswirksamen Marktbegriffen, die mit der Aufladung des Marktes unterliegende Interessen verfolgen, bildet ein formaler Marktbegriff die technischen Abläufe des Marktes ab.[3]

> **Folgende Elemente beinhaltet ein solcher Marktbegriff:**
>
> Der Markt besteht aus aggregierten und geregelten, ökonomisch motivierten Tauschhandlungen von Transaktionspartnern. Gemäß dem methodologischen Individualismus der formalen Wirtschaftswissenschaft existieren die Transaktionspartner nur in der Form ihrer Transaktionstätigkeit. Dazwischen existiert nichts weiter als die jeweilige Transkation, die als singuläres Ereignis der Preisbildung oder Vertragsschließung verstanden wird. Der Markt existiert nicht als Eigenständiges im Dazwischen, als Schwelle oder Marktgott, sondern lediglich als Begriff der gesamthaft angeschauten, singulären Transaktionen.
>
> *Funktional besteht dieser Marktbegriff aus folgenden Elementen:*
>
> - *Aggregiert,* also zusammengenommen oder zusammengeführt, werden je nach Betrachtung die Tauschvorgänge bestimmter Wirtschaftseinheiten (z. B. Länder, bestimmte Akteure) oder bestimmter Tauschgegenstände (z. B. der Lebensmittelmarkt).
> - *Geregelt* bedeutet, dass der Tausch unter bestimmten Vorschriften und Übereinkünften stattfindet (z. B. der Garantie von Eigentum, der Existenz von Tauschmitteln usw.).
> - *Ökonomisch motiviert* bedeutet, dass mit dem Ziel einer relativ unmittelbaren Besserstellung der am Tausch Beteiligten agiert wird (im Gegensatz zu einer uneigennützigen Schenkung oder einer nur mittelbar eigennützigen Gabe).

---

[3] Dies gilt nicht uneingeschränkt, denn selbst in der technisch-wissenschaftlichen Ökonomie gibt es zahlreiche Verfechter der Marktvergötterung. Diese treten (kritisch) zu Tage unter den Begriffen „Marktfundamentalismus", „Marktradikalismus" und „Markt-Kult" (vgl. Boldeman 2007). Auch äußert sich die wissenschaftliche Marktvergötterung in der Nachfolge verschiedener Markt-Vergötterer, z. B. in der „richtigen" Rezeption von Adam Smith (vgl. Hühn und Dierksmeier 2014) oder Ayn Rand (vgl. White 2005; Christensen 2013).

6.4 Synthese: Der Markt als technisch-ökonomischer Mechanismus

- Der *Tausch* wird als intersubjektive Handlung beschrieben, die den Wechsel von Gütern zum Zweck hat.[4] Die Tauschpartner setzen sich aus Anbietern und Nachfragern zusammen.

Abseits von Schlussfolgerungen, Interpretationen und Aufladungen ermöglicht ein solcher Marktbegriff den unverstellten Blick auf die konkreten marktlichen Vorgänge. Die Betrachtung des Marktes mit der zweiwertigen Logik eines ausgeschlossenen Dritten fokussiert die einzelnen am Tausch beteiligten Konstituenten und trifft darüber hinaus keine Aussage. Welche Folgen sich aus dem Marktgeschehen entwickeln, und wie diese Folgen zu bewerten sind, ist mit dieser Brille auf den Markt nicht zu erkennen, sondern kontingent.

Dies ist eine radikale Reduktion des Marktbegriffes, eine Gegenbewegung zur Aufladung und Vergötterung. Eine Gegenbewegung, die den Marktbegriff isoliert und auf eine abstrakte, der sozialen Bedingtheit entzogene Bedeutung bringt. Durch diese Rückführung auf die technische Funktion ist noch kein Problem der Marktvergötterung gelöst. Ziel des nachfolgenden und abschließenden Kapitels ist es daher, den reduzierten Marktbegriff in eine praktisch anwendbare und dem Problemen der Marktvergötterung entgegentretende Form zu bringen.

---

[4] Auch bezüglich des Tauschbegriffs könnte man die Definition noch weiterführen: Ein Sachverhalt, Produkt oder Gegenstand wird zum Gut, indem es zu Akteuren in eine Beziehung gesetzt wird – ein Stück Gold ist nur dann ein Gut, wenn es von einem Menschen als solches wahrgenommen und wertgeschätzt wird. Ansonsten ist es nur Materie. Die Qualität eines Gutes ist daher in der Beziehung des Akteurs zu dem zu handelnden Gegenstand begründet. (Vgl. zu dieser Definitionsreihung und zur Schwierigkeit, zu einer Marktdefinition zu gelangen, Brodbeck 2009, S. 48 f.).

7
Schlussfolgerung: Für einen aufgeklärt-freien, nicht-vergötterten Markt mit klaren Verantwortlichkeiten

Die aussagenlogische Rekonstruktion des Marktbegriffs unter Annahme des eingeschlossenen Dritten (Schwelle, Marktgott) und des ausgeschlossenen Dritten (rein formaler Marktbegriff) diente der Entwicklung der drei beschriebenen Typen von Marktbegriffen und ihrer rhetorischen Verwendung.

In der vorliegenden Schlussfolgerung verlassen wir die analytische Rekonstruktion und beziehen Position für einen aufgeklärten Marktbegriff und einen freien, aber nicht vergötterten Markt, in dem Risiko und Verantwortung bei den Akteuren liegen.

Wir halten deshalb fest:

1. Ohne formelle und informelle Regeln gibt es keinen Markt. In der Regellosigkeit beschränkt sich Austausch auf Raub – „Märkte sind zwanglos, nicht regellos" (Karitzki 2004, S. 5). Der Markt stellt entsprechend eine soziale Konstruktion und damit diskursive Übereinkunft zur Regelung der einzelnen Transaktionen von Tauschpartnern dar. Als solche ist der Markt formbar, hinterfragbar, kritisierbar, kein Naturgesetz und schon gar keine Gottheit.

Daraus leitet sich ab, dass

2. die Bedeutung des Begriffs „Markt" von seinen Teilnehmern abhängig ist. „[Il] mercato non esiste" – „Der Markt existiert nicht", schreibt der politische Ökonom Leonardo Becchetti und meint damit: Der Markt existiert nicht ohne die Menschen. Wenn ein Markt existiert, dann in der Form, die ihm die Menschen geben, welche sich seiner bedienen – „wir sind der Markt" (so der Titel des Buches: *Il mercato siamo noi*, Becchetti 2012, S. 16).

Diese beiden Feststellungen waren der Ausgangspunkt für unsere Dekonstruktion des Marktbegriffs: Wir haben die normativen Bedeutungen, die der Markt in verschiedenen Kommunikationen erhält, offengelegt. Dabei haben wir verschiedene Betrachtungslogiken entdeckt, mit denen rund um den Markt eine ganze Welt und Wahrnehmung aufgebaut wurde.[1]

Zur Rekapitulation unser erstes Vorhaben, das wir zu Beginn formulierten:

1. Wir dekonstruieren das Normative des Marktdiskurses als Konsequenz seiner epistemologischen Funktion.

Auffällig bei dieser Rekonstruktion ist, dass mit der zunehmenden Ablösung des Marktes aus seiner gesellschaftlichen Einbettung, der Markt zunehmend unerbittlicher, mächtiger und unerreichbarer wird. Während beim Typ 1, dem Markt als Schwelle, die Bezüge zu individuellem und gesellschaftlichem Wohlergehen, eine Systemethik, bei der Marktaufladung im Vordergrund stehen, ist beim Typ 2, der Marktvergötterung, eine nicht mehr zu bändigende Macht zu erkennen. Die Marktbetrachtung, die ein eigenständiges Drittes einschließt, hat normative Auswirkungen. Ein soziales Primat des Marktes und die Möglichkeit, Verantwortung an den Markt zu delegieren, sind die auffälligsten darunter.

Das zweite Vorhaben war, dieser Aufladung des Marktes etwas entgegenzustellen:

2. Wir nehmen eine logisch-epistemologisch begründete Rekonstruktion des Marktbegriffs vor.

Die Systematisierung der verschiedenen Marktbegriffe und der zugrunde liegenden Logiken (Typen 1 und 2) zeigte, an welcher Stelle ein auf die Transaktion reduzierter Marktbegriff ansetzt: an der Reduktion auf seine technische Funktion. Ein radikaler betrachtungslogischer Gegenentwurf zum sophistischen Marktbegriff der Narretei. Ein Marktbegriff, der sich von den interessengeleiteten Betrachtungslogiken eines eingeschlossenen Dritten unterscheidet. Ein Marktbegriff ohne normative und manipulative Verzerrung.

---

[1] Die drei vorgestellten Betrachtungslogiken des Marktes (Typ 1: Markt als Schwelle; Typ 2: Marktvergötterung; Typ 3: ausgeschlossenes Drittes) sind nicht als abschließende Aufzählung zu verstehen. Es ließen sich eine Vielzahl weiterer Betrachtungslogiken marktlichen Handelns beschreiben. Angefangen von prä-monetären Märkten und der Logik von Gabenökonomien bis hin zu gegenwärtigen *Share-Economies* gibt es neben den analysierten, traditionellen und auf den „klassisch" auf den marktwirtschaftlichen Markt bezogene Betrachtungslogiken weitere Marktbetrachtungen.

Ziel der Gegenüberstellung dieser Betrachtungslogiken ist nicht, den Markt auf seine technische Funktion einzukochen und zu behaupten, damit seien alle Probleme gelöst. Ebenso ist dies nicht als inquisitorische Maßnahme gedacht, um den „wahren" oder „essenziellen" Markt eines ausgeschlossenen Dritten zu etablieren. Das würde bedeuten, über das Ziel hinauszuschießen.

Vielmehr geht es um die Verwendung eines *aufgeklärten Marktbegriffs*. Es gilt zu verdeutlichen, dass eine Marktvergötterung zur Entkopplung von Gesellschaft und Ökonomie führt, indem sie den Markt metaphysisch und unantastbar macht. Es geht um eine argumentative Wiederannäherung zwischen dem Markt und seinen Konstituenten.

Dazu muss der Markt entzaubert, auf die Welt und in den Machtbereich der Menschen geholt werden. Und mehr noch: Dem Markt muss seine Lebendigkeit aberkannt werden, um ihn auf seine technische Funktion zu reduzieren. Tomáš Sedláček drückt dies in einem Interview folgendermaßen aus:

> Wir tun so, als wäre der Markt ein lebendiges Wesen mit Gefühlen, Ängsten und Krankheiten, obwohl wir alle wissen, dass der Markt tot ist (Sedláček 2015, S. 75).

Selbst ein kränkelnder, sich fürchtender, selbst ein toter Markt ist noch eine Überhöhung, die dem Markt zusätzliche Bedeutung verleiht. Insofern gilt es festzustellen, dass der Markt nicht zu tot ist. Er war auch noch nie lebendig. Weder auf Erden noch irgendwo darüber. Die Aufklärung befreite seit Ende des 18. Jahrhunderts das Denken von den Restriktionen der Religion und der ständischen Gesellschaft. Sie modernisierte und rationalisierte. Dies ist ein Programm, das auch für den Markt funktionieren kann. Und so wird der Ruf laut nach einer „[…] zweiten Emanzipation, nach einer zweiten ökonomischen Aufklärung, die sich gegen die Abhängigkeiten von der Finanzwelt wendet, in die sich Volkswirtschaften und Gesellschaften in den letzten 30 Jahren so erfolgreich hineinfinanziert haben" (Sauga und Diez 2015, S. 70).

Diese Emanzipation und Aufklärung ist ein Vorgang, der durch seine Akteure in den Markt getragen werden muss. Denn der Markt bleibt trotz seiner verschiedensten begrifflichen Aufladungen immer eine technische Struktur, die aus sich selbst heraus weder gut noch böse ist. Dieser Markt bezieht sich nur auf sich selbst, seine eigene Rationalität und seine Effekte. Ein vergötterter Markt kann aus sich selbst heraus kein Korrektiv entwickeln. Fragen von Verteilungsgerechtigkeit, die außerhalb einer strategischen

Rationalität liegen, Fragen von kulturellen Leitideen, müssen von außen in den Markt gebracht werden (vgl. Ulrich 2009, S. 219). Er wird von seinen Akteuren geformt. Dadurch wird nicht die Freiheit des Marktes eingeschränkt, sondern Grenzen gesetzt, innerhalb denen sich der Markt frei bewegt. Ein aufgeklärter Marktbegriff ist sich dieser Notwendigkeit dieser externen Beeinflussung bewusst und entsprechend offen. Diesen Einfluss geltend zu machen, ist kein sanfter, kultureller Prozess. Es gilt, die externe Beeinflussung mit Nachdruck in den Marktprozess einzubringen:

> [The] market is not a benign mechanism which best works when left to its own devices – it requires a good deal of extra-market violence to establish and maintain the conditions for its functioning (Zizek 2009, S. 79).

Was „der Markt verlangt" und was als wirtschaftlich *vernünftig* gilt, lässt sich nicht aus der Eigenlogik des Marktes ableiten. Ein aufgeklärter Marktbegriff bedeutet, eine einzig selig machende „Weltdeutung von Ökonomen" (Sauga und Diez 2015, S. 70) infrage zu stellen. Es ist zu verdeutlichen, dass die Rationalität des Marktes kulturell bedingt ist – und damit eine Frage gesellschaftlicher Aushandlung (vgl. Ulrich 2002, S. 9, 11). Auch ist die Freiheit des Marktes nicht mit individueller Freiheit zu verwechseln. Ein freier Markt ist ein Instrument, um Austausch wettbewerblich und damit effizient zu gestalten. Es hat nicht den Rang eines Menschenrechtes (vgl. Ulrich 2009, S. 217).

Der Markt ist keine allwissende Instanz oder Gottheit, sondern eine sozial bedingte Konstruktion. Entsprechend ist sie wandelbar und nicht mit absoluter Weisheit gesegnet. Es ist die Aufgabe jedes einzelnen Marktteilnehmers, sich dem vergötterten Markt zu widersetzen und „ihn" auf den Boden der Tatsachen zu holen. Der Markt ist nicht absolut zu nehmen. Die Verantwortung für das eigene Handeln wäre nicht auf den Markt abzuwälzen. Gleichzeitig gilt es, den Markt zu nutzen als das, wozu er am besten funktioniert: als vorzügliches Verfahren, um die Wirtschaft zu organisieren, effiziente, neue und dienliche Lösungen zu finden. Nicht mehr, und nicht weniger.

7 Schlussfolgerung: Für einen aufgeklärt-freien …

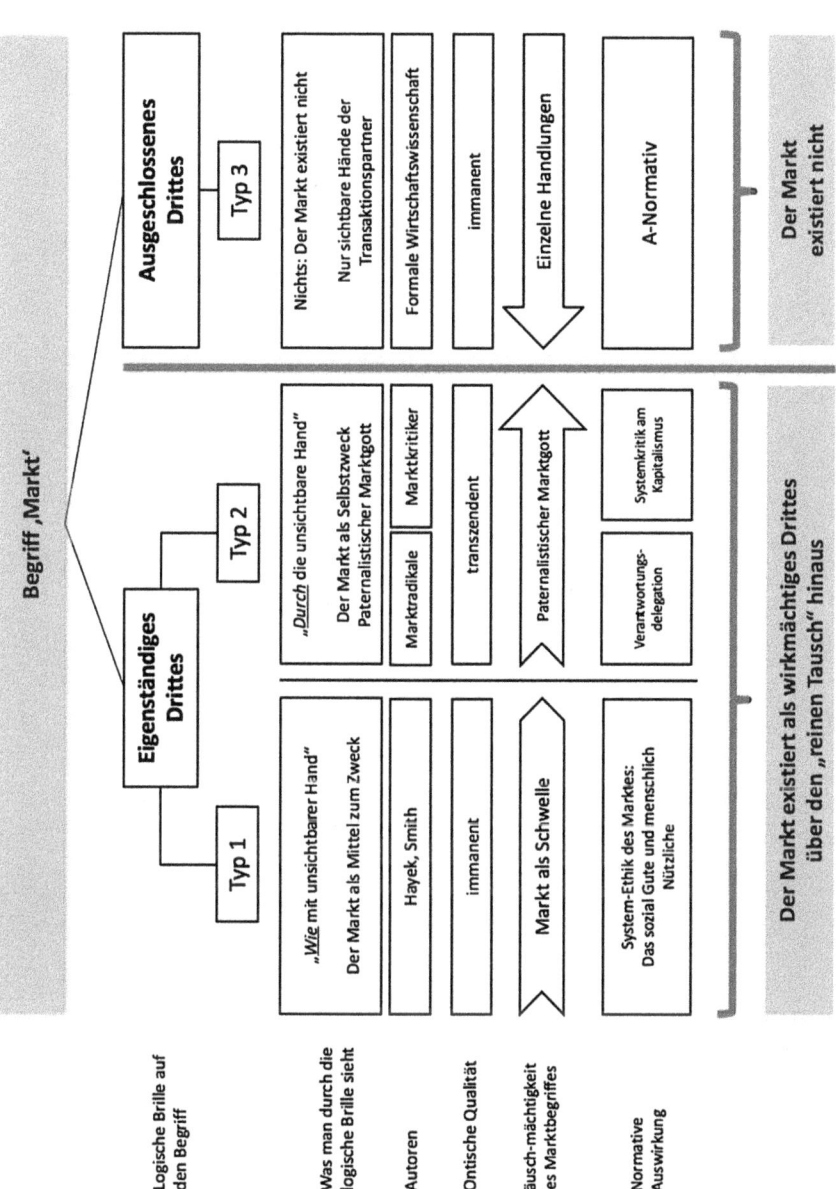

Das verlorene Einkaufsparadies und die Entzauberung der Ökonomie: Ein theologisches Nachwort von Christoph Weber-Berg

„Ich konsumiere, also bin ich." In gesättigten Gesellschaften sind Kauf und Konsum eine ausgezeichnete Möglichkeit, sich seiner eigenen Identität zu vergewissern. Man ist nicht nur, was man isst, sondern auch, was man sich sonst noch so alles gönnt und leisten kann. Demonstrativer Konsum geht allerdings über Selbstvergewisserung hinaus: Marken und Accessoires ermöglichen die Konstruktion von Identitäten. Der Konsum sorgfältig ausgesuchter Produkte und Dienstleistungen schafft distinkte Milieus und stiftet Gemeinschaft: „Man gehört dazu." Man fährt diese oder jene Automarke, trägt Kleider bestimmter Labels und macht Urlaub an entsprechend angesagten Destinationen. Konsum ermöglicht gleichzeitig Differenzierung und Individualisierung: Spezifische Akzentsetzungen und persönliche Vorlieben heben einen von Durchschnitt und Masse ab.

In einer unübersichtlichen und komplexen Welt, die keinen hergebrachten Ordnungen verpflichtet ist, sind es oft Kaufentscheidungen, die das Bild und das Selbstbild eines Menschen prägen. Die Möglichkeiten der Selbstkonstruktion durch Kaufentscheidungen sind beinah unendlich, und gleichzeitig – oder gerade deshalb – wird Orientierung immer schwieriger: Welchen Gruppen und Milieus fühle ich mich zugehörig, und was bestimmt meine Identität? Ist es meine familiäre Herkunft und Stellung? Ist es mein Beruf mit seinen Insignien, was Kleider, Stil, Mobilität etc. angeht, oder ist es doch eher meine Freizeitbeschäftigung? Kurz: Bin ich Geschäftsleiter, der sich am Wochenende auf der Harley entspannt, oder bin ich der Outlaw, der seine Brötchen im Büro verdient?

Die Teilhabe an der Konsumgesellschaft, der Produktmix, mit dem jemand sowohl seinen Alltag als auch seine Freizeit auf sich selbst hin individualisiert, ist für viele Menschen weit wichtiger als etwa die Zugehörigkeit zur res publica des lokalen Gemeinwesens: Die Bürgerin wird zur Konsumentin, der Bürger zum Verbraucher.

Primäre Treffpunkte der Mitglieder der Konsumgesellschaft sind Märkte: Dort manifestieren sich ihre Konsumbedürfnisse. Je weiter diese Bedürfnisse über den menschlichen Grundbedarf hinausragen, desto aufwendiger müssen Märkte gestaltet sein. Einfache Auslagen von Brot, Gemüse und Früchten, Fleisch oder Milchprodukten genügen höchstens im Discount-Markt. Märkte des demonstrativen, identitätsstiftenden Konsums werden zu *Super*-Märkten, zu Einkaufsparadiesen, die den kauflustigen Konsumierenden die Entscheidung durch ganzheitliche Einkaufserlebnisse leichter machen sollen, durch die Überfülle des Angebots aber oft das Gegenteil bewirken.

Der *Super*markt als einkaufs-paradiesischer Sehnsuchtsort lädt dazu ein, Freizeit als Einkaufserlebnis zu gestalten: „Shoppen" als Zeitvertreib des gesättigten Konsumenten, der ohne spezifische Konsumbedürfnisse durchs Einkaufsparadies streift. Im Paradies sind nicht nur alle Menschen satt, auch der Baum der Erkenntnis von Gut und Böse steht unentdeckt unter allen anderen Bäumen. Wer will sich schon mit den Herstellungsbedingungen der schicken Mode oder der neuesten Smartphones befassen? Das Paradies birgt den Menschen in kindlicher Amoral: Adam und Eva wissen noch nicht einmal, warum es nicht gut sein sollte, von den Früchten des Baumes der Erkenntnis zu essen. Doch dieses Unwissen – das hätte Gott eigentlich wissen müssen – führt geradezu zwingend dazu, dass die Menschen früher oder später trotzdem davon essen.

Eine mehr oder weniger offene Sehnsucht nach diesem Paradies, in dem Fülle und Geborgenheit herrschen und wo Gut und Bös keine Rolle spielen, wohnt wohl nach wie vor vielen Menschen inne. Selbst ein agnostischer Zyniker ist möglicherweise zu dem geworden, was er ist, weil er tief in seinem Herzen etwas anderes vom Leben erhofft hätte. *Super*Märkte und Einkaufsparadiese suggerieren mindestens die Möglichkeit, sorglos und unbelastet von moralischen Ansprüchen an unermesslicher Fülle teilzuhaben. Sie halten die Sehnsucht sogar in jenen Menschen wach, die sich die feilgebotenen Güter nicht leisten und nur durchs Schaufenster in die Auslagen des Einkaufsparadieses sehen können. Allerdings, und das gilt auch im Fall der *Super*Märkte, ist das Paradies eine Utopie, die durch den unweigerlichen Biss in die Frucht der Erkenntnis verloren geht. Dennoch hoffen Menschen auf die Erfüllung der durch die Utopie genährten Sehnsucht: das Heil, die Fülle des Lebens und die ultimative Gerechtigkeit, die jenseits der Kategorien von Gut und Böse liegt.

Das Medium, das den Zutritt zu den Einkaufsparadiesen ermöglicht und Menschen an ihren Segnungen teilhaben lässt, ist das Geld. An Märkten fließt Geld aus Taschen über Tische und Theken in Kassen, Cash oder virtuell von Konto zu Konto, wie ein Lebenselixier. Es erweckt die Märkte zum Leben, stimmt sie optimistisch oder lässt sie – wo es nicht fließt – in Tristesse versinken. Gleichzeitig ist Geld nicht nur Lebenselixier der Märkte, es ist auch Träger der Sehnsüchte der Konsumentinnen und Konsumenten. Es repräsentiert alle potenziellen Konsumoptionen, für die es eingelöst werden könnte. Es ist Träger der Entscheidungsfreiheit, aller unendlich vielen Möglichkeiten zur konsumbasierten Selbstkonstruktion. Die Attraktivität des Geldbesitzes, sein Vorzug gegenüber der konkreten Kauf- und Konsumentscheidung, liegt in dieser Freiheit, in der Unendlichkeit der vom Geld repräsentierten Lebensmöglichkeiten. Jede konkrete Kaufentscheidung bringt den Verzicht auf eine unendliche Zahl von Optionen mit sich.

Das Geld spricht die paradiesischen Sehnsüchte der Menschen intensiv an und mobilisiert die Schattenenergien des Archetyps der Großen Mutter, die für Lebensfülle und Üppigkeit sowie für das Angebot kindlicher Geborgenheit steht (vgl. Lietaer 2000). Die Schatten der Großen Mutter sind Angst vor Knappheit und Gier. Das Geld gibt vor, diese Schatten überwinden zu können. Es verspricht unendlich viele Lebensmöglichkeiten, Überfluss und Freiheit von Knappheit und Not. Es scheint kein Zufall zu sein, dass sich diese Sehnsüchte – ausgerechnet auf dem systematisch knappen Geld – in den Währungen verschiedenster Herren Länder, immer wieder in allegorischen Darstellungen weiblicher Lebenskraft und Fruchtbarkeit auf Geldscheinen niedergeschlagen haben (vgl. Priddat 2009).

Geld, in genügender Menge verfügbar, überwindet vermeintlich die grundmenschliche Erfahrung des Defizits, der Knappheit, des Nicht-Genügens und des Übels. Die scheinbar moralfreie, am Markt bestimmte Bewertung von Gütern durch das Geld eröffnet nicht nur die Perspektive auf eine unendliche Zahl von Kaufoptionen, sie scheint die Konsumentin oder den Konsumenten gleichzeitig von der moralischen Bewertung der Kaufentscheidungen und damit letztlich von der moralischen Verortung der Identitätskonstruktion zu dispensieren (Schmidt und Seele 2012). Der Markt als Ort der Kaufentscheidung wird zum moralfreien Raum oder, wie Peter Seele und Lucas Zapf nachgewiesen haben, er mutiert zum eigenständigen Dritten oder gar zum transzendenten Marktgott, jenseits von Gut und Böse.

Die Sehnsucht, die Schwelle zum Konsumparadies zu überwinden, verleitet nicht wenige Menschen dazu, sich zu verschulden. Verschuldung als Preis für den Eintritt ins Paradies: Es braucht nicht den theologisch geschulten Blick, um zu erkennen, dass dieser Weg zur (Rück-)Gewinnung des

Paradieses wohl aussichtslos bleiben wird. Der Supermarkt als Einkaufsparadies jenseits von Gut und Böse, als Ort der Wiedergewinnung der seit dem Genuss der Frucht der Erkenntnis verlorenen Identität des Ich mit dem Selbst, muss eine Utopie bleiben. Die Shopperin und der Shopper, die auf Kredit durch den amoralischen Raum der Überfülle schlendern, werden wie Adam und Eva gleichsam zwangsläufig, früher oder später, auf den Baum der Erkenntnis stoßen und unwissend von seinen Früchten essen. Sie werden entweder erkennen, dass Schulden die Tür zum Paradies nicht zu öffnen vermögen: Statt Erlösung kommt der Termin zur Lösung der Schulden. Oder sie werden erkennen, dass bei jeglichem Konsum die Sättigung der Ernüchterung und dieser der Hunger nach mehr und Neumen folgt.

Industrialisierung und Marktwirtschaft haben in den letzten hundertfünfzig Jahren eine historisch einmalige Steigerung von Produktivität und Produktion bewirkt, welche in den nordwestlichen Gesellschaften immer mehr Menschen an den Segnungen des Marktgottes und der Konsumparadiese teilhaben ließ. Besonders in den Jahrzehnten nach dem Zweiten Weltkrieg war damit für breite Bevölkerungsschichten ein nie da gewesener Emanzipierungsschub verbunden. Die Befreiung von harter körperlicher Arbeit sowie eine rasant zunehmende Mobilität spielten dabei eine bedeutende Rolle. Das Büro löste den Acker oder die Fabrikhalle als präferierten Arbeitsplatz ab und Automobil, Bahn oder Flugzeug ermöglichen es praktisch jedermann, fast jeden Punkt der Welt nach Wunsch zu erreichen.

Die Erfahrung des modernen Menschen scheint auf den ersten Blick mit den visionären Aussagen Max Webers zu kontrastieren, der am Schluss seiner Protestantischen Ethik prophezeite, dass der Lebensstil aller Menschen, die „in dieses Triebwerk hineingeboren werden, … mit überwältigendem Zwange" vom Kosmos unserer Wirtschaftsordnung bestimmt werde, „bis der letzte Zentner fossilen Brennstoffs verglüht ist". Das „Verhängnis", so Weber weiter, habe die Sorge um die äußeren Güter zu einem „stahlharten Gehäuse" werden lassen, das „unentrinnbare Macht" über die Menschen ausübe (Weber 1988, S. 203). Nur andeutungsweise erwähnt Weber, was heute offensichtlich ist: Die kapitalistische Wirtschaftsordnung und der Verbrauch fossiler Brennstoffe sind praktisch untrennbar miteinander verbunden. Doch der Zwang und der stählerne Käfig harter Industriearbeit scheinen für fast jedermann von den Vorzügen des identitätsstiftenden Konsums abgelöst worden zu sein. Die „Sorge um die äußeren Güter" scheint verschwunden.

Doch – geht es uns nicht als Marktgesellschaft kollektiv so, wie ich es oben für „Adam und Eva im Einkaufsparadies" beschrieben habe? Der gleiche Markt, der uns mit den Segnungen des Konsums beglückt, verlangt von uns die Rückzahlung der Schulden und die Erwirtschaftung des Kapitalertrags auf Investitionen und spekulativ um den Globus schwadronierenden Finanzkapitalien. Auf den Konsum folgen Ernüchterung und der Zwang, sich erneut zu verschulden, um das System nicht kollabieren zu lassen. Der Marktgott fordert sein Lebenselixier ein: Das Geld, das in diesen Monaten und Jahren Börsen und Kapitalmärkte flutet, besänftigt den Marktgott nur kurzfristig: Es ist Erlösung auf Pump, ist Eintritt ins Paradies der vermeintlichen Fülle jenseits von Gut und Böse um den Preis der Verschuldung (des Staates) am Markt.

Der Marktgott hat uns im Griff. Die „Sorge um die äußeren Güter" ist und bleibt ein „stahlhartes Gehäuse", wenn auch auf ungleich viel höherem Konsumniveau als vor hundert Jahren. Gleichzeitig bedeutet der irreversible Verbrauch fossiler Brennstoffe eine Art Verschuldung an der natürlichen Umwelt sowie an nachfolgenden Generationen, die nie wiedergutzumachen sein wird.

Der Marktgott verspricht uns nicht nur materielle Fülle. Durch den Export seines leitenden Prinzips, des Wettbewerbs, in andere Gesellschaftsbereiche wie Politik, Bildung oder Kultur, stellt er auch Wohlfahrt, soziale Sicherheit, Spitzenforschung und kulturelle Weltklasseleistungen in Aussicht. Seine spezifische Rationalität kommt angeblich jederzeit ohne Moral aus. Sie gibt den Besten, den Effizientesten, den Nachgefragtesten den Vorzug. Die Rationalität des Marktes, die Tauschlogik des Geldes und die Verwertungslogik des Kapitals dominieren alle Gesellschaftsbereiche. Der Staat steht im Standortwettbewerb, steigert seine Attraktivität für Unternehmen und reiche Steuerzahler und investiert in arbeitsmarktfähiges Humankapital. Studierende sammeln Kredits, die sie gegen akademische Grade und Titel eintauschen können. Wissenschaftler und Universitäten werden in Ratings und Rankings klassifiziert, die der rechnenden Logik des Geldes und der Wettbewerbslogik des Marktes folgen. Kirchen messen sich am Markt für Freizeitangebote mit Kultur- und Sportinstitutionen ebenso wie am Markt für Sinnstiftungsinstitutionen mit harter Konkurrenz. Der Bohemien ist Kulturkonsument und die Bürgerin fragt auf der städtischen Geschäftsstelle öffentliche Dienstleistungen nach.

Die Ver-Marktung der Gesellschaft und des postmodernen Lebens ist bei Lichte besehen ein antimodernes Programm. Die vermeintlich moralfreie Bereichsrationalität des Marktes durchdringt mit ihren Heilsversprechen und mit ihrem Anspruch, alle sich den Menschen in den Weg stellenden Probleme und Herausforderungen effizient und effektiv lösen zu können, unsere Gesellschaft und unser Leben so konsequent und so unhinterfragt wie in alten Zeiten die Religion. Im Pantheon der Marktgöttinnen und Marktgötter finden sich üppige Fruchtbarkeits-, Erd- und Jagdgöttinnen ebenso wie Blitzeschleuderer und Kriegsgötter. Priester, Propheten und Auguren deuten uns deren Gefühlslage. Noch vor dem Wetterbericht flimmern Börsen- und Devisenkurse über die Bildschirme der Fernsehnachrichtenkonsumentinnen und -konsumenten.

Es ist Zeit für eine ökonomische Aufklärung, für einen aufgeklärten Umgang mit der bereichsspezifischen Rationalität der Marktwirtschaft und des Wettbewerbs, sowohl im Bereich der Wirtschaft selbst als auch in allen anderen Gesellschaftsbereichen.

Der Essay von Peter Seele und Lucas Zapf leistet einen wichtigen Beitrag zu den in diesem Zusammenhang notwendigen Debatten, indem er nicht nur die Narrative und die normierenden Suggestionen des marktwirtschaftlichen Klerus durchleuchtet, sondern die Existenz „des Marktes" grundsätzlich infrage stellt. Sprachliche Dekonstruktion und Rekonstruktion tragen dazu bei, die normative Kraft des Marktgottes zu brechen, seine scheinbar faktische Existenz als Fiktion zu entlarven und den Markt als soziale Konvention neu zu beschreiben. Damit werden kognitive Grundlagen für eine menschen- und umweltfreundlichere Marktwirtschaft und die dringend notwendige Entzauberung der Ökonomie geschaffen.

Im Dezember 2016
Pfr. Dr. Christoph Weber-Berg
Präsident des Kirchenrates
Reformierte Landeskirche Aargau, Schweiz

Literatur

Agamben, G. (2015). *Das Geheimnis des Bösen – Benedikt XVI. und das Ende der Zeiten*. Berlin: Matthes & Seitz.

Albach, H. (2008). Grundsätzliche Überlegungen zur Allgemeinen Ethik und zur Rolle der Unternehmensethik in der Unternehmenstheorie. In A. G. Scherer & M. Patzer (Hrsg.), *Betriebswirtschaftslehre und Unternehmensethik* (S. 3–13). Heidelberg: Springer.

Aristoteles. (1966). *Metaphysik*. In H. Carvallo, & E. Grassi (Hrsg.). Berlin: Rowohlt.

Arning, R. H. (2007). Artikel Sophistik. In J. Ritter, K. Gründer, & G. Gabriel (Hrsg.), *Historisches Wörterbuch der Philosophie* (Bd. IX, S. 1075–1086). Basel: Schwabe Verlag.

Associated Press. (1. Oktober 2014). Market ends the month with a whimper. *The New York Times, Business Day*.

Atkins, R., & Jones, C. (24. September 2014). ECB's Draghi takes up new weapon in war in deflation. *Financial Times, International*.

Barber, B. (2. November 2011). Markets became false gods. *The Kansas City Star*.

Barley, R. (30. September 2014). Lower eurozone inflation ups ECB pressure. *The Wall Street Journal, Heard on the Street*.

Becchetti, L. (2012). *Il mercato siamo noi*. Milano: ESBMO.

Bessard, P. (2009). Ethik des Marktes. *Die Weltwoche, 18*.

Bistum Fulda. (2015). Gebet aus dem 4. Jahrhundert. *Pastoraler Prozess*. http://www.bistum-fulda.de/bistum_fulda/media/pastoraler_prozess/pdf/fortbildung/pgr_haus/Gebete.pdf. Zugegriffen: 27. Apr. 2015.

Blumenberg, H. (1976). *Aspekte der Epochenschwelle: Cusaner und Nolaner. Erweiterte und überarbeitete Neuausgabe von »Die Legitimität der Neuzeit«, vierter Teil*. Frankfurt a. M.: Suhrkamp.

Boldeman, L. (2007). *The cult of the market: Economic fundamentalism and its discontents.* Canberra: ANU Press.

Bourdieu, P. (2000). *Das religiöse Feld. Texte zur Ökonomie des Heilsgeschehens.* Konstanz: Universitätsverlag Konstanz.

Brennan, J., & Jaworski, P. M. (2015). Markets without symbolic limits. *Ethics, 125*(4), 1053–1077.

Breuer, M., Waxenberger, P., & Mastronardi, P. (2009). Einleitung. In M. Breuer, P. Mastronardi, & P. Waxenberger (Hrsg.), *Markt, Mensch und Freiheit. Wirtschaftsethik in der Auseinandersetzung* (S. 9–18). Bern: Haupt.

Britton, A., & Sedgwick, P. (2008). *Ökonomische Theorie und Christlicher Glaube. Protestantische Impulse für Gesellschaft und Kirche.* Berlin: LIT.

Brodbeck, K.-H. (2009). Was heißt eigentlich ‚Marktgehorsam'? Wider die falsche Autorität der ökonomischen Mechanik. In M. S. Aßländer & P. Ulrich (Hrsg.), *60 Jahre Soziale Marktwirtschaft* (S. 46–67). Bern: Haupt.

Brown, M. (21. Dezember 2013). Without morality, the market economy will destroy itself. *The Guardian, Opinion.*

Brunner, P. (1933). Zur Auseinandersetzung zwischen antikem und christlichem Zeit- und Geschichtsverständnis bei Augustin. *Zeitschrift für Theologie und Kirche, 1933*(14), 1–25.

Burczak, T. (2011). A socialist spontaneous order. In A. Farrant (Hrsg.), *Hayek, mill, and the liberal tradition* (S. 130–147). Abingdon: Routledge.

Chesney, M. (2014). *Vom Großen Krieg zur permanenten Krise.* Zürich: Versus.

Chesney, M., Dembinski, P., Hörisch, J., Priddat, B., Seele, P., & Weber-Berg, C. (2013). Basler Manifest zur Ökonomischen Aufklärung. In P. Seele & G. Pfleiderer (Hrsg.), *Kapitalismus – Eine Religion in der Krise* (S. 369–374). Baden-Baden: Nomos.

Christensen, L. S. (2013). Ayn Rand: More relevant now than ever. *The Adam Smith Institute.* http://www.adamsmith.org/research/think-pieces/ayn-rand-more-relevant-now-than-ever/. Zugegriffen: 12. Jan. 2015.

Cox, H. (1999). The market as God. *The Atlantic Monthly, 283*(3), 18–23.

Deutsche UNESCO-Kommission. (2013). Schriften von Karl Marx: „Das Manifest der Kommunistischen Partei" (1848) und „Das Kapital,„ erster Band (1867). *Weltregister des Dokumentenerbes.* http://www.unesco.de/8005.html. Zugegriffen: 3. Febr. 2015.

Dommann, M. (2011). Reden wir über Geld! Aber wie? Und wozu? *Zeitschrift für Kulturwissenschaften, 1,* 113–121.

Engels, F. (1956). Herrn Eugen Dührings Umwälzung der Wissenschaft. In Institut für Marxismus-Leninismus beim ZK der SED. (Hrsg.) (S. 5–304). Berlin: Dietz-Verlag (Erstveröffentlichung 1877).

Eppich, E. (1921). *Geld. Eine sozialpsychologische Studie. Philosophische Reihe 14.* München: Rösl & Cie.

Exenberger, A. (1997). Die Soziale Marktwirtschaft nach Alfred Müller-Armack. *Working Paper Institut für Wirtschaftstheorie, Wirtschaftspolitik und Wirtschaftsgeschichte Universität Innsbruck, 97*(1),1–19.

Foucault, M. (1983). *This is not a pipe. With illustrations and letters by Rene Magritte, Translated and Edited by James Harkness*. Berkeley: University of California Press.
Frankfurt, H. G. (2005). *On Bullshit*. Princeton: Princeton University Press.
Franziskus, P. (2013). *Apostolisches Schreiben EVANGELII GAUDIUM des Heiligen Vaters Papst Franziskus an die Bischöfe, an die Priester und Diakone, an die Personen geweihten Lebens und an die christgläubigen Laien über die Verkündigung des Evangeliums in der Welt von heute*. Vatikan: Vatican Press.
Friedman, T. (9. Januar 2013). The market and mother nature. *The New York Times, Opinion*.
Fukuyama, F. (1992). *Das Ende der Geschichte: Wo stehen wir?* München: Kindler.
Fullbrook, E. (2002). The post-autistic economics movement: A brief history. *Journal of Australian Political Economy, 50,* 14–23.
Galbraith, J. K. (2007). *Die Ökonomie des unschuldigen Betrugs. Vom Realitätsverlust der heutigen Wirtschaft*. München: Pantheon.
Gärtner, S. (2014). Gärtners kritisches Sonntagsfrühstück: Verschwörung. *TITANIC – Das endgültige Satiremagazin*. http://www.titanic-magazin.de/news/gaertners-kritisches-sonntagsfruehstueck-verschwoerung-6881/. Zugegriffen: 2. Juni 2015.
Geiger, S., Kjellberg, H., & Spencer, R. (2014). Being concerned about markets. In S. Geiger, H. Kjellberg, & R. Spencer (Hrsg.), *Concerned markets. Economic ordering for multiple values* (S. 1–18). Cheltenham: Edward Elgar.
Gibbs, S. (15. April 2014). Gmail does scan all emails, new Google terms clarify. *The Guardian, Tech*.
Greenslade, R. (2. Mai 2014). Irish media ombudsman: How the market acts as a press censor. *The Guardian, Media*.
Günther, G. (1967). *Logik, Zeit, Ernanation und Evolution*. Köln: Westdeutscher.
Günther, G. (1978). *Grundzüge einer neuen Theorie des Denkens in Hegels Logik*. Hamburg: Meiner (Erstveröffentlichung 1933).
Hanlon, S. (2014). If the fed sneezes will markets catch a cold? *Forbes Advisor Intelligence*. http://www.forbes.com/sites/advisor/2014/09/24/if-the-fed-sneezes-will-markets-catch-a-cold/print/. Zugegriffen: 12. Mai 2015.
Hayek, F. von (1967). *Studies in philosophy, politics and economics*. Chicago: University of Chicago Press.
Hayek, F. A. von (1968). *Der Wettbewerb als Entdeckungsverfahren*. Kieler Vorträge 56. Kiel: Universität Kiel.
Hayek, F. A. (2013). *Law, legislation and liberty: A new statement of the liberal principles of justice and political economy*. Routledge Classics. Abingdon: Routledge (Erstveröffentlichung 1982).
Hayek, F. A. von, Bartley, W. W., Caldwell, B., et al. (1988). *The fatal conceit*. Collected Works 1. London: Routledge.
Heidbrink, L., & Seele, P. (2010). *Unternehmertum – Vom Nutzen und Nachteil einer riskanten Lebensform*. Frankfurt: Campus.
Heine, H., & Weidmann, H. (Hrsg.). (1976). *Die romantische Schule*. Stuttgart: Reclam (Erstveröffentlichung 1836).

Hegel, G. W. F. (1911). *Grundlinien der Philosophie des Rechts, oder Naturrecht und Staatswissenschaft im Grundrisse.* Philosophische Bibliothek 123. Leipzig: Felix Meiner (Erstveröffentlichung 1821).

Herrmann, U. (27. Mai 2015). Den Markt gibt es nicht. *taz*, Gesellschaft/Debatte.

Herzog, L. (2013a). *Inventing the market. Smith, Hegel and political theory.* Oxford: Oxford University Press.

Herzog, L. (2013b). Markets. *Stanford encyclopedia of philosophy.* http://plato.stanford.edu/entries/markets/. Zugegriffen: 27. Okt. 2014.

Hodgson, G. (2008). Metaphor and pluralism. In E. Fullbrook (Hrsg.), *Pluralist economics* (S. 128–150). London: Zed Books.

Holtfreter-Glienke, A. (2015). *Märkte.* Was braucht Europa noch Parlamente? Das bisschen Politik reguliert der Markt. In SPIEGEL Online. http://cdn2.spiegel.de/images/image-856649-galleryV9-duoq.jpg. Zugegriffen: 6. Juni 2015.

Homann, K. (1990). Wettbewerb und Moral. *Jahrbuch für Christliche Sozialwissenschaften, 31,* 34–56.

Homann, K., Enste, D. H., & Koppel, O. (2009). *Ökonomik und Theologie.* München: Roman Herzog Institut.

Honneth, A. (2014). Die Kritik des Marktes vom 19. Jahrhundert bis zur Gegenwart. In L. Herzog & A. Honneth (Hrsg.), *Der Wert des Marktes. Ein ökonomisch-philosophischer Diskurs vom 18. Jahrhundert bis zur Gegenwart* (S. 155–173). Berlin: Suhrkamp.

Hoppmann, E. (1999). Unwissenheit, Wirtschaftsordnung und Staatsgewalt. In V. Vandenberg (Hrsg.), *Freiheit, Wettbewerb und Wirtschaftsordnung: Hommage zum 100. Geburtstag von Friedrich A. v. Hayek* (S. 135–169). Freiburg i. Br.: Haufe.

Horn, H. (2013). Pope francis's theory of economics. *The Atlantic, 11*

Höffe, O. (2014). Aus dem Geist der Aufklärung. *Neue Zürcher Zeitung.* http://www.nzz.ch/meinung/debatte/aus-dem-geist-der-aufklaerung-1.18451999. Zugegriffen: 12. Jan. 2015.

Hörisch, J. (2013). Man muss dran glauben – ein ökonomisch-theologischer Traktat. In P. Seele & G. Pfleiderer (Hrsg.), *Kapitalismus – eine Religion in der Krise I. Grundprobleme von Risiko, Vertrauen, Schuld* (S. 137–222). Baden-Baden: Nomos.

Hühn, M., & Dierksmeier, C. (2014). Will the real A. Smith please stand up! *Journal of Business Ethics, 121*(4), 527–541.

Indiviglio, D. (23. September 2011a). The G-20's words shouldn't sooth the market. *The Atlantic, Business.*

Indiviglio, D. (21. November 2011b). The market should shrug off the supercommittee's failure. *The Atlantic, Business.*

Indiviglio, D. (22. September 2011c). What's causing the market freak-out? Europe, not the fed. *The Atlantic, Business.*

Janich, N. (2014). Die Unwörter ab 2010. *Sprachkritische Aktion: Unwort des Jahres.* http://www.unwortdesjahres.net/index.php?id=35. Zugegriffen: 4. März 2014.

Jellinek, G. (1905). *Das Recht des modernen Staates. Erster Band: Allgemeine Staatslehre.* Berlin: O. Häring.

Jin-Sung, J. (27. April 2013). The market shall set North Korea free. *The International Herald Tribune, Opinion.*
Kant, I. (1928). Kants handschriftlichem Nachlass: Bd. 5. *Metaphysik*. Berlin: De Gruyter.
Karitzki, O. (2004). Ein Markt existiert nicht ohne Regeln. In A. Brink & O. Karitzki (Hrsg.), *Unternehmensethik in turbulenten Zeiten* (S. 5–9). Bern: Haupt.
Kirchenamt der EKD. (Hrsg.). (2009). *Wie ein Riss in einer hohen Mauer – Wort des Rates der Evangelischen Kirche in Deutschland zur globalen Finanzmarkt- und Wirtschaftskrise.* EKD Texte 100.
Kirchgässner, G. (2007). Das Gespenst der Ökonomisierung. In W. Reinhard & J. Stagl (Hrsg.), *Menschen und Märkte. Studien zur historischen Wirtschaftsanthropologie* (S. 401–434). Wien: Böhlau.
Klein, M. (2015). Facebook algorithm changes: What they mean for brands. *AdWeek: Social Times.* http://www.adweek.com/socialtimes/facebook-algorithm-changes-taking-effect-what-it-means-for-brands/302131. Zugegriffen: 31. März 2015.
Koselleck, R. (1987). *Epochenschwelle und Epochenbewusstsein.* München: Fink.
Kosko, B. (1991). *Neural networks and fuzzy systems: A dynamical systems approach to machine intelligence.* Englewood Cliffs: Prentice-Hall.
Kreis Ostholstein. (2000). Mehr Kundenservice in der Kfz-Zulassungsstelle des Kreises. *Ostholstein-Portal.* http://www.kreis-oh.de/Aktuelles-Bürgerservice/Pressedienst/RSS/Mehr-Kundenservice-in-der-Kfz-Zulassungsstelle-des-Kreises.php?object=tx%7C1914.9.1&ModID=7&FID=68.356.1&sNavID=1914.77&mNavID=1914.9&NavID=1914.77&La=1&kat=335.312. Zugegriffen: 31. März 2015.
Krugman, P. (27. März 2009). The market mystique. *The New York Times, Opinion.*
Krugman, P. (8. März 2013). The market speaks. *The New York Times, Opinion.*
Kühl, S. (2004). *Arbeits- und Industriesoziologie.* Bielefeld: Transcript.
Labriola, A. (1966). *Essays on the materialistic conception of history.* New York: Monthly Review Press (Erstveröffentlichung 1903).
Lietaer, B. A. (2000). *Mysterium Geld – Emotionale Bedeutung und Wirkungsweise eines Tabus.* München: Riemann Verlag & Random House.
Löpfe, P. (2015). «Die SVP hat nicht nur viel Geld, sie hat auch eine grosse intellektuelle Potenz» Interview mit Jean Ziegler. *watson.ch.* http://www.watson.ch/Front/articles/581879681-«Die-SVP-hat-nicht-nur-viel-Geld%2C-sie-hat-auch-eine-grosse-intellektuelle-Potenz». Zugegriffen: 27. Apr. 2015.
Lukes, S. (2014). Invasionen des Marktes. In L. Herzog & A. Honneth (Hrsg.), *Der Wert des Marktes. Ein ökonomisch-philosophischer Diskurs vom 18. Jahrhundert bis zur Gegenwart* (S. 485–510). Berlin: Suhrkamp.
Lütge, C. (2014). *Ethik des Wettbewerbs: Über Konkurrenz und Moral.* München: Beck.
Marti, M., Kraft, E., & Walter, F. (2010). *Dienstleistungen, Nutzen und Finanzierung von Religionsgemeinschaften in der Schweiz (Projekt FAKIR). Wissenschaftliche Ergebnisse.* Bern: SNF.

Marx, K. (1956). Der achtzehnte Brumaire des Louis Bonaparte. In K. Marx, & F. Engels (Hrsg.), *Werke. Band 8. Herausgegeben vom Institut für Marxismus-Leninismus beim ZK der SED* (S. 112–208). Berlin: Dietz-Verlag (Erstveröffentlichung 1852).

Marx, K., & Engels, F. (1962). Das Manifest der kommunistischen Partei. In K. Marx, F. Engels (Hrsg.), *Werke. Band 18. Herausgegeben vom Institut für Marxismus-Leninismus beim ZK der SED* (S. 352–493). Berlin: Dietz-Verlag (Erstveröffentlichung 1848).

Mauss, M. (1968). *Die Gabe Form und Funktion des Austauschs in archaischen Gesellschaften.* Frankfurt a. M.: Suhrkamp

McCloskey, D. (2006). *The bourgeois virtues: Ethics for an age of commerce.* Chicago: University of Chicago Press.

Meyer, F. A. (Dezember 2011). Wenn Der Markt Zum Gott Wird. *Cicero – Magazin für politische Kultur.*

Meyer, F. A. (2015). Herr statt Knecht. *Blick.ch.* http://www.blick.ch/news/politik/fam/frank-a-meyer-herr-statt-knecht-id3568991.html#. Zugegriffen: 30. März 2015.

Mises, L. (1927). *Liberalismus.* Jena: Fischer.

Monbiot, G. (5. August 2014). Sick of this market-driven world? You should be. *The Guardian, Economics.*

Münch, R. (2006). Staatsbürger versus Marktbürger. *univers, 10*(5), 38–41.

Nagel, M. (2014). Auf der Suche nach dem richtigen Börsen-Guru. *Finanzen100.* http://www.finanzen100.de/finanznachrichten/wirtschaft/buffett-icahn-co-auf-der-suche-nach-dem-richtigen-boersen-guru_H459557190_66476/. Zugegriffen: 29. Mai 2015.

Neff, B., & Furrer, M. (14. März 2015). «Der Dschungel der Dritten Welt breitet sich nach Europa aus» Interview mit Jean Ziegler. *Basler Zeitung.*

Papst Benedikt XVI. (2009). *Enzyklika Caritas in Veritate.* Rome: Vatican Press.

Papst Johannes Paul II. (1991). Centesimus Annus. *Enzykliken.* http://w2.vatican.va/content/john-paul-ii/de/encyclicals/documents/hf_jp-ii_enc_01051991_centesimus-annus.html. Zugegriffen: 12. März 2015.

Partyguerilla. (2013). AGB. *partyguerilla Deutschland.* http://partyguerilla.com/de/unternehmen/agb/. Zugegriffen: 25. März 2015.

Patterson, R. W. (1. April 2013). Op-ed: Free-market absolutism is killing the GOP. *The Washington Examiner, Politics.*

Paul, A. (2005). Die Rache und das Rätsel der Gabe. *Leviathan, 33*(2), 240–256.

Pawlas, A. (2000). *Die lutherische Berufs- und Wirtschaftsethik: Eine Einführung.* Neukirchen: Neukirchner.

Pfau, J.-M., & Säverin, P. (2006). Freiheit und Verantwortung des Konsumenten: Zur Bedeutung der Ethik als Operator in der formalen Konsumentscheidung. In P. Kosolowski & B. Priddat (Hrsg.), *Ethik des Konsums* (S. 121–137). München: Fink.

Pfeifer, W., & Berlin-Brandenburgische Akademie der Wissenschaften. (2015). Lemma: Tauschen. *Digitales Wörterbuch der deutschen Sprache.* http://www.dwds.de/?qu=tausch. Zugegriffen: 22. Juni 2015.

Pies, I. (2001). Theoretische Grundlagen demokratischer Wirtschafts- und Gesellschaftspolitik – Der Beitrag Oliver Williamsons. In I. Pies & M. Leschke (Hrsg.), *Oliver Williamsons Organisationsökonomik* (S. 1–28). Tübingen: Mohr Siebeck.

Polanyi, K. (2001). *The great transformation: The political and economic origins of our time.* Boston: Beacon Press.

Polanyi, K. (2014). Aristoteles entdeckt die Volkswirtschaft. In K. Polanyi (Hrsg.), *Der Wert des Marktes. Ein ökonomisch-philosophischer Diskurs vom 18. Jahrhundert bis zur Gegenwart* (S. 268–305). Berlin: Suhrkamp.

Politik & Verwaltung der Freien und Hansestadt Hamburg. (2012). Kundenzentren Hamburg – Fachbereich Einwohnerdaten. *Kundenzentrum Hamburg – ehemals Einwohnermeldeamt – Stadt Hamburg.pdf.* http://www.hamburg.de/kundenzentrum/. Zugegriffen: 31. März 2015.

Posener, A. (7. März 2015). Er behauptet, dass er den Schuldendurchblick hat. *Die Welt*, Kapitalismuskritiker.

Priddat, B. (2009). «Geist der Ornamentik», Ideogrammatik des Geldes. In D. Baecker (Hrsg.), *Kapitalismus als Religion* (S. 19–34). Berlin: Kulturverlag Kadmos.

Priddat, B. P. (1990). *Hegel als Ökonom.* Berlin: Duncker & Humblot.

Priddat, B. P. (2010). Ökonomie des Glaubens? *Zeitschrift für Wirtschafts- und Unternehmensethik, 11*(1), 25–34.

Priddat, B. P. (2013). Benign order und heaven on earth – Kapitalismus als Religion? In P. Seele & G. Pfleiderer (Hrsg.), *Kapitalismus – eine Religion in der Krise I. Grundprobleme von Risiko, Vertrauen, Schuld* (S. 25–135). Baden-Baden: Nomos.

Prüstel, A. (2012). *Nervös. Dein ewiges: Kauf ich das Küchenradio jetzt oder doch später? Das macht ja die Märkte ganz nervös!* In toonpool. http://de.toonpool.com/cartoons/nervös_172928#. Zugegriffen: 6. Juni 2015.

Püntener, T. W. (2015). Suffizienz: «Marktitis» ist keine Alternative. *Suffizienz: «Marktitis» ist keine Alternative at umweltnetz.ch.pdf.* http://www.umweltnetz.ch/content/suffizienz-marktitis-ist-keine-alternative. Zugegriffen: 30. März 2015.

Rapoza, K. (2014). Is the market ready to finally like china again? *Forbes.* http://www.forbes.com/sites/kenrapoza/2014/08/02/is-the-market-ready-to-finally-like-china-again/. Zugegriffen: 4. Juni 2015.

Röpke, W. (1942). *Die Gesellschaftskrisis der Gegenwart.* Zürich: Rentsch.

Rüstow, A. (2009). *Die Religion der Marktwirtschaft.* 3. Aufl. Münster: LIT (Erstveröffentlichung 1942).

Saeverin, P. F. (2002). *Zum Begriff der Schwelle: philosophische Untersuchung von Übergängen.* Oldenburg: BIS.

Sauerland, D. (2010). Stichwort: Neoliberalismus. *Gabler Wirtschaftslexikon.* http://wirtschaftslexikon.gabler.de/Archiv/10396/neoliberalismus-v6.html. Zugegriffen: 27. Mai 2015.

Sauga, M., & Diez, G. (2015). „Wir sind in einer Vorkriegszeit" – Interview mit Joseph Vogl. *Der Spiegel,10.*

Schelsky, H. (1965). Beruf und Freizeit als Erziehungsziele in der modernen Gesellschaft. In H. Schelsky (Hrsg.), *Auf der Suche nach Wirklichkeit* (S. 160–181). Düsseldorf: E. Diederichs.

Schmidt, I., & Seele, P. (2012). Konsumentenverantwortung in der Wirtschaftsethik-Ein Beitrag aus Sicht der Lebensstilforschung. *Zeitschrift für Wirtschafts- und Unternehmensethik., 12*(2), 169–191.

Schnaas, D. (2011). Anti-Sozialist und Weltverbesserer. *Wirtschafts Woche.* http://www.wiwo.de/politik/konjunktur/von-hayek-anti-sozialist-und-weltverbesserer-seite-all/5794634-all.html. Zugegriffen: 3. Febr. 2015.

Sedláček, T., Schießl, M., & Reiermann, C. (2015). „Papa ist impotent" Gespräch mit Tomáš Sedláček. *Der Spiegel 40,* 74–76.

Seele, P. (2008). *Philosophie der Epochenschwelle: Augustin zwischen Antike und Mittelalter.* Berlin: De Gruyter.

Seele, P. (2009). «Gelt ist auff erden der irdisch got» Überlegungen zu einer Religionsökonomie des Geldes. *Theologische Zeitschrift, 65*(4), 346–365.

Seele, P., & Wagner, T. (2008). Eine kleine Geschichte des Neuen. In P. Seele (Hrsg.), *Philosophie des Neuen* (S. 38–64). Darmstadt: WBG.

Seele, P., & Zapf, L. (2011). „Just a banker doing god's Work" – Ist grenzloses Profitstreben vereinbar mit Webers These der protestantischen Ethik und dem Geist des Kapitalismus? *ETHICA, 19*(4), 307–326.

Seele, P., & Zapf, L. (2014). "The markets have decided": Markets as (Perceived) deity and ethical implications of delegated responsibility. *Journal of Religion and Business Ethics, 3*(17), 1–21.

Sen, A. (2000). *Development as freedom.* New York: Alfred A. Knopf.

Simmel, G. (1989). *Philosophie des Geldes.* Band 6 der Gesamtausgabe. In v. DP. Frisby & KC. Köhnke (Hrsg.). Frankfurt a. M.: Suhrkamp (Erstveröffentlichung 1900).

Smith, A. (2004). *The theory of moral sentiments.* In K. Haakonssen (Hrsg.). Cambridge: Cambridge University Press (Erstveröffentlichung 1759).

Smith, A. (2006). *Der Wohlstand der Nationen. Eine Untersuchung seiner Natur und seiner Ursachen.* München: Finanzbuch-Verlag (Erstveröffentlichung 1776).

Somers, M., & Block, F. (2005). From poverty to perversity: Ideas, markets, and institutions over 200 years of welfare debate. *American Sociological Review, 70*(2), 260–287.

Srinivasan, A. (2013). Questions for free-market moralists. *The New York Times – Opinion Pages.* http://opinionator.blogs.nytimes.com/2013/10/20/questions-for-free-market-moralists/?_r=0. Zugegriffen: 13. März 2015.

Stehr, N., & Adolf, M. (2010). Unternehmen, Markt und Moral: Zu einer neuen politischen Ökonomie. In L. Heidbrink & P. Seele (Hrsg.), *Unternehmertum – Vom Nutzen und Nachteil einer riskanten Lebensform* (S. 178–195). Frankfurt a. M.: Campus.

Suchanek, A., Lin-Hi, N., & Sauerfeld, D. (2014). Lemma: Soziale Marktwirtschaft. *Gabler Wirtschaftslexikon.* http://wirtschaftslexikon.gabler.de/Archiv/7247/soziale-marktwirtschaft-v10.html. Zugegriffen: 16. Apr. 2015.

Sveriges Riksbank. (2012). Lloyd S. Shapley – Facts. *The Sveriges Riksbank Prize in Economic Sciences in Memory of Alfred Nobel 2012.* http://www.nobelprize.org/nobel_prizes/economic-sciences/laureates/2012/shapley-facts.html. Zugegriffen: 4. Febr. 2015.
Thomä, D. (21. Februar 2009). Ausserkapitalistisches Material. *NZZ*.
Thompson, H. (1954). The agora at sthens and the Greek market place. *Journal of the Society of Architectural Historians, 13*(4), 9–14.
Ulrich, P. (2002). *Der entzauberte Markt. Eine wirtschaftsethische Orientierung.* Freiburg: Herder.
Ulrich, P. (2009). Markt, Mensch und Freiheit: Eine integrative wirtschaftsethische Perspektive. In P. Ulrich (Hrsg.), *Markt, Mensch und Freiheit. Wirtschaftsethik in der Auseinandersetzung* (S. 215–258). Bern: Haupt.
Ulrich, P. (2013). Moralische Grenzen des Marktes oder: Was spricht gegen eine totale Marktgesellschaft? *Netzwerk für sozial verantwortliche Wirtschaft.* http://www.nsw-rse.ch/blog/moralische-grenzen-des-marktes-oder-was-spricht-gegen-eine-totale-marktgesellschaft/. Zugegriffen: 30. März 2015.
Vanberg, V. (2002). *The constitution of markets: Essays in political economy.* London: Routledge.
Veit, O. (1954). Pecunia in ordine rerum. *Ordo, 1954*(6), 39–77.
Watkin, D. (2009). *The Roman Forum. Wonders of the World.* Cambridge: Harvard University Press.
Weber, M. (1988). *Die protestantische Ethik und der Geist des Kapitalismus. In Gesammelte Aufsätze zur Religionssoziologie I.* Tübingen: J. C. B. Mohr (Paul Siebeck).
Weber, M. (2002). Wissenschaft als Beruf. In D. Kaesler (Hrsg.), *Schriften 1894–1922* (S. 474–511). Stuttgart: Kröner (Erstveröffentlichung 1919).
Werner, J. (2014). Markt. In J. Werner (Hrsg.), *Tagesrationen – Ein Alphabet des Lebens* (S. 169–170). Frankfurt a. M.: tertium datur.
Werner, J. (2015). Notizen. http://juergen-werner.com/na-logo/. Zugegriffen: 12. Mai 2015.
White, R. (2005). Ayn Rand versus Adam Smith. *The Journal of Ayn Rand Studies, 7*(1), 141–180.
Wittgenstein, L. (1999). *Werkausgabe, Band 1.* Frankfurt a. M.: Suhrkamp (Erstveröffentlichung 1953).
Wohlgemuth, M. (2008). Neuheit und Wettbewerb. Über das Neue in Hayeks Entdeckungsverfahren. In B. Priddat & P. Seele (Hrsg.), *Das Neue in Ökonomie und Management* (S. 25–47). Wiesbaden: Gabler.
Zadeh, L. A. (1973). Outline of a new approach to the analysis of complex systems and decision processes. *IEEE Transactions on Systems, Man, and Cybernetics, 3*(1), 28–44.
Zadeh, L. A. (1997). Toward a theory of fuzzy information granulation and its centrality in human reasoning and fuzzy logic. *Fuzzy Sets and Systems, 90*(2), 111–127.

Zapf, C. L. (2014). *Die religiöse Arbeit der Marktwirtschaft: Ein religionsökonomischer Vergleich*. Baden-Baden: Nomos.
Ziegler, J. (2015). *Ändere die Welt! Warum wir die kannibalische Weltordnung stürzen müssen*. C. Bertelsmann: Gütersloh.
Zizek, S. (2009). *First as tragedy, then as farce*. London: Verso.

GPSR Compliance

The European Union's (EU) General Product Safety Regulation (GPSR) is a set of rules that requires consumer products to be safe and our obligations to ensure this.

If you have any concerns about our products, you can contact us on

ProductSafety@springernature.com

In case Publisher is established outside the EU, the EU authorized representative is:

Springer Nature Customer Service Center GmbH
Europaplatz 3
69115 Heidelberg, Germany

www.ingramcontent.com/pod-product-compliance
Lightning Source LLC
Chambersburg PA
CBHW071617100426

42873CB00004B/69